旅游商品大提升

陈 斌◇著

中国旅游出版社

前　言

旅游商品经过多年的发展，特色旅游商品越来越多，但与旅游发达国家和地区的差距依然很大，存在的问题仍然很多。

当下，一提到特色旅游商品，很多人首先想到的是文化特色旅游商品，具体到商品就想到工艺品、纪念品。如果还强调实用性，就把一张张文化贴画贴遍各种生活用品，造成旅游购物市场上直白的文化特色旅游商品随处可见。结果出现了，开发者自己旅游时购买的商品是生活需要的、没有文化特色的商品，尤其在境外购物时购买的商品绝大部分没有明显文化特色，开发的却是自己都不买的直白的文化特色旅游商品。

有些企业一提到设计特色旅游商品，就想到包装设计。纷纷把现有的食品、保健品、土产品等原封不动地换上带有文化特色的包装。但换汤不换药，内容没有创新，旅游者看的多，买的少。究其原因：一是很多商品的包装确实比较粗糙。二是换包装要比开发新品容易。三是包装上很容易体现文化。

还有些企业一提到开发特色旅游商品的新品就立刻想到了套盒。不管功能是否匹配，也不管功效是否匹配，把当地几种有点特色的现成商品一股脑地装到一个盒子里，就成了所谓套盒式新品。以致胡乱组合的套盒成了旅游商品缺乏新意的典型标志之一。

随着复游率的不断提高，境内的很多旅游目的地，旅游者已不是去过一两次了。旅游者来的次数越多，购买旅游商品的数量反而越少。而国人出境旅游购物则是另一番情形，国人到某些旅游发达国家的次数越多，购买旅游商品的数量越多。

在旅游者购物前的静态调研时发现，旅游者对特色的理解是文化。但在旅游者购物后的现场调研时却发现，旅游者对特色的理解是商品的内容，包括：商品的功能、功效、口味、质量、价格、品牌等。

境内的旅游商品企业无一不谈品牌的重要，但有自有商标商品的企业却不多。2017 年中国旅游商品大赛拟从三年来获奖的 860 件套商品中选出 200 个中国品牌旅游商品，居然只有 252 件套有商标注册证。真搞不懂，连自有商标都没有何谈打造自己的旅游商品品牌。

境内的旅游商品企业无一不谈品种创新，但大盒、大袋、大块换成小盒、小袋、小块，或把小盒、小袋、小块换成大盒、大袋、大块，这种自欺欺人的小聪明式创新比比皆是。

旅游者并非傻子，不买则是最常见的回答。境外旅游发达国家的特色旅游商品重在内容的开发，以新功能、新功效、新口味、高质量、低价格、大品牌等吸引了旅游者大量购买。

人们永远在追求美好的生活，特色旅游商品要满足、引导人们对美好生活的追求。开发特色旅游商品不应为了开发而开发，不能仅重视形式，更要重视内容。境内各地有各地特色的物产，境内是加工制造业名冠全球，境内不缺物产，不缺技术，不缺人才，境内很多旅游商品企业缺的是符合市场的特色旅游商品的理念，缺的是以人为本的爱心，缺的是符合市场的创意，缺的是做实、做细、做深的精神。有关部门和企业应少说废话、空话、大话，少点小聪明，少想糊弄旅游者，多点爱心、多干点符合市场规律的实事，把旅游商品做实、做细、做深，创新开发有内容的特色旅游商品，才能补上旅游购物这一短板，实现扩大内需、扩大消费。

著者

2018 年 7 月

目录
CONTENTS

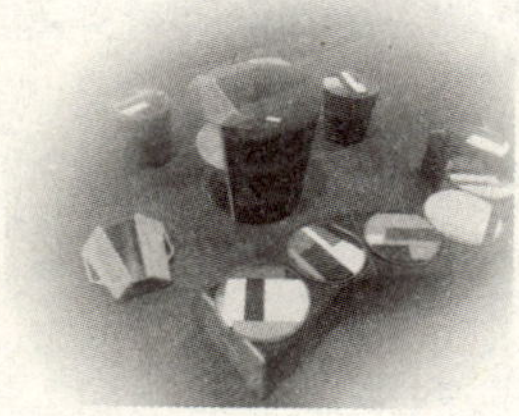

第一章
从旅游商品论旅游

◇一日游不能总是“黑”的*

长期以来，旅游购物的人群主要是旅游者中的团队游游客，其特点是在观光之余进行旅游购物。近年来，自助游客的数量猛增，旅游者中的访客数量暴增，访客的特点是在商务、研学、医疗、文化交流之余进行旅游观光和旅游购物，甚至出现了以购物为主的购物旅游。

究其原因，随着经济的发展和社会的进步，人们异地交流的渴望日益增加，包括商务、研学、医疗、文化交流等。当年，刚刚出现网上交易会，就有人提出会展业将消失，其后，会展活动反而越来越多，这些人忽略了信息越发达人们反而越渴望面对面交流的机会。近年来，手机的智能化、互联网的普及、机场数量的增加、高铁的四通八达和智慧旅游建设使得自助旅游越来越安全、便捷和灵活，面对面的交流越发容易实现。同时，离开了旅行团的约束，旅游购物的时间变得更加充裕。

但无论是自助游游客还是访客，并没有因不参加旅行团而失去对景区观光的兴趣。在一个陌生或比较陌生的地方，要在短时间内游览足够多的景区、景点，还需要系统的旅游服务，其中包括车辆的安排、基本情况的介绍等。一日游为主的短途、多景区、多景点、个性化的旅游服务越来越受到自助游游客和访客的关注。一日游的市场越来越大，有成为将来主要旅游方式的趋势。

境内不少地区一日游的各种顽疾由来已久。甩换景区、强迫购物、

---

* 陈斌．一日游不能总是“黑”的［N/OL］．中国青年报，2018-02-01（08）．

强迫参加自费项目、餐食质量差等欺客、宰客现象时有发生。相比之下，境外一日游却很少出现这些问题。

通过对境内外一日游的简单对比发现，境外一日游的服务和主管部门对其管理方式有很大不同。

境外一日游以小团为主，6~7 个人一团居多；规定是司机、导游都要有，而执行时经常出现“司兼导”——没有专职导游，监管部门对此睁一只眼闭一只眼；以游为主，一般不设统一购物项目；旅游线路的组合多，旅游者有多种选择。

境外一日游的时间一般不超过 10 小时，其中，3~4 小时花在交通上，6~7 小时用来游览（包括吃饭时间），一般在每个景区停留 2 小时左右；各旅行社的收费价格基本统一；旅行社的收费中不含门票、餐费和自费项目等；导游一般不负责统一购买门票、统一就餐和统一的自费项目等；导游负责到酒店接送游客，中途不再换车。因为没有统一购买门票、统一就餐和统一的自费项目，旅游者的自由度高了，产生纠纷的点就很少，自然不易产生问题。旅游者的感觉是安全、方便、舒适。

境内一日游以大中型团为主，20~30 人一团居多；到酒店接送经常出现小车换大车的现象，或旅行社干脆要求旅游者自行到固定地点上车；司机和导游分开，设专职导游；一般有统一购物项目；旅游线路组合少，可选择少，传统旅游线路居多；一日游的时间一般超过 10 小时；各旅行社同一线路的收费价格不统一；旅行社的收费含门票、餐费等。竞争激烈，互相杀价，经常出现临时拼团的“卖猪仔儿”现象。门票回扣、餐费回扣、自费项目回扣、购物回扣等屡禁不止。

遇到旅游者投诉，由于查证困难，查证时间较长，模糊地带较多，纠纷的处理结果很难让双方信服。有关部门接到投诉后，如果调查情况属实，对旅行社的处罚也很严厉。由于一日游中的门票回扣、餐费回扣、自费项目回扣、购物回扣等非常吸引人，对导游的管理难度大，正规旅行社得不偿失，一般正规旅行社不愿蹚一日游这浑水。但市场需求很大，“黑一日游”应运而生。虽常年打击，但“黑一日游”屡打屡旺。旅游者的感觉是：不安全、不方便、不舒适。

旅游者到某地的重复率越来越高，几年、十几年形成的成熟的大团固定一日游线路已不适合复游的旅游者。纵然一些传统旅游线路仍有市场，越来越多的复游者对于传统线路已失去兴趣，更多地关注个性化的旅游线路，希望体验当地人的生活。特色的小吃、特色的街道、特色的餐厅、特色的商品、特色的演艺、一个小院、一座小庙等，这些是大团一日游无法做到的，也是带大团的熟知规范导游词的导游无法做到的。这使得虽不熟知规范导游词，但熟知当地生活风情的当地人和一日游小团备受旅游者喜爱。

面对一日游的需求变化，境内外一日游面临着一些同样的问题。越来越多的“司兼导”问题如何解决？如何对待越来越多的无导游证、却能满足旅游者需求的向导？如何快速处理一日游的食、住、行、游、购、娱相关投诉等，都在探索中。

多年来，单纯地打击“黑一日游”，并没有取得根本效果；单纯地鼓励正规旅行社开展一日游，也没有杜绝“黑一日游”。旅游者确实需要一日游，旅游者也确实需要进景区，需要吃饭，需要购物。我们既要满足旅游者的需求，发展一日游，又要让“黑一日游”消亡；既要学习境外旅游发达国家和地区的经验，也要吸取让“黑出租车”消失的快车、专车的经验，根据旅游市场的新趋势，调整对一日游的各项要求和监管方式。也许有一天会出现一种新的一日游服务人员——向导，新的一日游服务机构——类似于滴滴打车那样的滴滴旅游。

境内的旅游人数已经超过 50 亿人次，自助游客和访客的数量也已占旅游总人数的 90% 以上，一些地区复游的旅游者已达旅游总人数的 80%，其中，很多是潜在的一日游消费人群。良好的一日游环境，多层次的一日游项目，既可以满足旅游者游览的需要，又可以增加旅游者的逗留时间，增加旅游收入，活跃旅游消费市场。随着经济的发展，科技的进步，智慧旅游、全域旅游的普及，旅游市场和规律在发生变化，已经到了该认真对待一日游的时候了。

◇ 若恢复“五一”黄金周　大家感觉也会不错*

曾经和一位坚决反对设立黄金周的专家考察某个小镇。一路上，笔者的耳朵里被灌满黄金周的种种弊端：机票涨价、高速公路堵车、景区周围被汽车包围、景区里人满为患、宾馆涨价、餐厅排队、上厕所排队等。但到了冷清的小镇，在找餐厅吃饭时，专家居然告诉我一个能找到好吃的餐厅的秘诀：看哪家门口排队等位的人多，哪家餐厅就好。之前大讲特讲的旅游要找清静、典雅、休闲之地的种种美妙意境竟烟消云散了。专家此刻也追求热闹、人多、嘈杂，乐意排队了。回来后向朋友谈及此事，朋友斩钉截铁地说：“专家也是凡人！”

人们其实都知道黄金周期间机票价格会高、高速公路会堵车、景区周围停车会很难、景区里会人满为患、宾馆会涨价、餐厅会排队、上厕

* 陈斌 . 若恢复“五一”黄金周 大家感觉也会不错［N/OL］. 中国青年报，2017-10-12（05）.

所也会排队。但很多人仍然义无反顾去旅游，还会在微信朋友圈里晒自己高价买到的机票，晒自己和朋友在高速公路堵车时跳舞的英姿，晒景区里人头攒动的新景，晒吃饭排队的盛况……然后不断刷新朋友圈，嘻嘻哈哈地看着朋友们的点评，甚至还要把精彩点评晒一晒。

黄金周旅游让人们没有了高低贵贱，没有了贫富之差，大家都堵在一起，挤在一起，排成一队，愁在一起，笑在一起，傻在一起。

不喜欢凑热闹的旅游者提前做好准备，早走，晚出，剑走偏锋，各走一路，奔向人少的地方。当然，还有很多人借黄金周之机学习、打游戏、在家休息等。为了黄金周也有大量的劳动者在岗位上工作，服务与应该取得的收入同步。

经过多年的建设、完善，厕所多了，也干净了。路上、景区里的安全也改善了。2017 年的“十一”黄金周期间没有发生重大事故和重大旅游投诉。安全前提下的各种问题似乎在人们眼里都不是什么大事。黄金周之后听到最多的是偏远地区、平时旅游冷清地区的好消息：宾馆、餐厅、商店、景区在这个黄金周把半年甚至一年的成本都挣回来了。7 亿多人次国内旅游者离家出游，也就是一部分人高兴地从自己待烦的地方到另一部分人待烦的地方待了几天。近 6000 亿元的旅游收入，同样是一部分人高兴地把钱转到了另一部分高兴的人那里，这就是黄金周的效果，这就是旅游消费的效果。

有人总是念念不忘用带薪休假旅游代替黄金周旅游。主要观点是利用带薪休假就可以错峰出游，平衡出游，平衡消费，让市场高度平稳，让消费绝对理性，但这只能是某些人心中的理想状态。日本、韩国、欧洲很多国家有带薪休假，同时也有类似的黄金周，而且也都不是仅有一个黄金周。带薪休假旅游只是部分人的个人行为，黄金周则是社会行为。

社会行为的力量是巨大的，最容易挑起人们的热情和激情。

笔者以为，绝对理性的消费是不存在的，绝对理性的旅游也是不存在的，绝对理性的旅游消费更不存在。旅游、消费都需要热情和激情，当然也是在法律约束下的热情和激情。一款新的化妆品、一款新的手机、一款新的服装总会吸引人们购买。但面对同一款商品，当人们经过了去除热情和激情的绝对理性评价后，估计也就不会购买了。在当下信息高度发达的时代，人们可以通过各种渠道按照自己对食、住、行、游、购、娱的接受程度，智慧地自由选择出行线路。目前，在没有促使人们焕发消费热情和激情的新产业出现前，通过发展旅游产业扩大旅游消费，离不开黄金周。

黄金周期间的旅游消费涵盖了食、住、行、游、购、娱。在很多地区旅游购物占比很高，在出境旅游的人群中，旅游购物的占比更高。有报道说，黄金周期间 600 多万的出境旅游者中，60 多万是团队游客，也就是说近 90% 是自助出境旅游者。调研中发现，自助旅游者在出境旅游的食、住、行、购等方面的消费额远高于团队游客。一桌团队餐的价格比不了两三个人的一顿正餐。没有了导游拉进店的恐惧，有了更多的自由购物时间，在境外品牌、质量、品种、价格的诱惑下，一掷千金、人均购物过万仍然常见。7 亿多人次国内旅游者产生近 6000 亿元的旅游消费，人均消费额也不过 800 多元。800 多元对于旅游者在境外买包、服装、化妆品、鞋、酒、电器的消费额度来说，仅是个零头。

利用黄金周扩大旅游消费可以做的，可以做好的事还有很多，黄金周的优势还远未充分发挥。另外，春节黄金周主要被大家用于家庭的团聚。“十一”黄金周过后冬天就要来了。冬天要来了，春天还会远吗？随着国家对旅游产业的重视，全域旅游建设的展开，旅游服务、旅游消费、旅游购物的创新与完善，厕所革命的继续，黄金周旅游的舒适性会更高。

人们对“十一”黄金周的感觉不错，若恢复“五一”黄金周，大家感觉也会不错。

◇ 建设旅游特色小镇应避免特而不实*

正在建设中的旅游特色小镇已经占到特色小镇的近 50%。旅游特色小镇，顾名思义主要产业是旅游产业，但各地对于旅游特色小镇中旅游产业的理解并不一致。

各地对于旅游特色小镇中旅游产业的理解：

从旅游经营角度看，一类是以旅游为名，房地产开发为实，纯粹的房地产项目。其特点是无房地产开发后的旅游经营，小镇成为一个住宅区名称。另一类是房地产开发之后还有旅游经营项目。还有一类是现有行政小镇增加旅游景观。后两类又分两种，一种是以门票收入为主，小镇中的旅游经营属于应付。另一种是无门票或门票收入为辅，收入主要是旅游经营收入。

从小镇建筑、布局和功能看，一类是小镇的布局和功能属普通城市型，建筑千篇一律，景观也是司空见惯，成本相对较低，建设速度较快。此类极适合旅游名义的房地产开发或快速彰显政绩的现有行政小镇改造。另一类是小镇核心区按照景区建设，不考虑旅游经营的合理性，非核心区采取房地产开发建设。此类很适合以门票收入为主的小镇。还有一类是小镇核心区既有景区特点，又利于旅游经营。此类很适合以旅游经营收入为主的小镇。

---

* 陈斌．建设旅游特色小镇应避免特而不实［N/OL］．中国青年报，2017-06-22（08）．

在规划设计时，一些投资者也希望旅游特色小镇核心区既有景区特点，又利于旅游经营。但常常被特色两个字搞晕，误认为只要建筑有特色的小镇即是旅游特色小镇。忽略饮食特色、商品特色、娱乐特色等特色的旅游经营，同样是旅游特色小镇的重要组成部分。旅游特色小镇固然需要特色建筑，但决不能忘了旅游，建筑有特色不等于适合旅游经营。

以长期旅游经营为主的旅游特色小镇的建筑千篇一律是可怕的，仅仅追求特色而不实用，以所谓创新为名的特而不实的建筑同样可怕。

一、何为特而不实的建筑

特而不实的一种表现是主题过于高大，小镇内巨大的雕像、巨大的广场、巨大的喷泉、巨大的五星级宾馆、巨大的餐厅，高大的主题下的一系列巨大的建筑，让游客找不到小镇的感觉。

特而不实的另一种表现是建筑体量与功能不符。笔者曾看到一座四线城市郊区的特色小镇小吃街，建筑确有特色，但上百个小吃店，最小的面积也有 200 平方米，四五百平方米的小吃店比比皆是。特色小镇的游客人数是有限的，如果是单一小吃店，极少有一种小吃需要这么大的店面。如果皆为综合小吃店，游客仅需去几家就够了，不用上百家。至今小吃街的招商也未实现，投资者却被拖垮。

笔者曾见在大山中的一块平地建起的一座小镇，数十栋各具特色的建筑，每栋面积一两千平方米，分别做餐厅、商店、酒吧、茶馆，每栋可同时容纳数百人就餐或品茗，游客在宽阔的大街上、高大的建筑内感觉永远是空空荡荡。在不舒服的环境中，游客很难产生消费。

特而不实的另一种表现是建筑过度景观化。笔者曾到一座旅游特色小镇，商业街上的每栋建筑都很有特色，但是大房小门，街两侧大多数空间是墙，且小街上大树过多，有些店铺即使到了店门口也要绕树而入，游客通常仅仅在街上拍几张照片，极少进店消费，虽经营数年，小镇仍生意惨淡得难以维持。

还有一座小镇依山而建，商业街的店铺是开放三合院，且需上若干个台阶才可进一个店或餐厅，每栋建筑的结构虽然特色明显，可称之为从来没见过的商街，但游客进出非常不方便。几年来，稀少的游客也证明了其规划设计的失败。

除了那些千篇一律的小镇，投资巨大、特色明显、游客不喜欢的旅游特色小镇也已经不少了。

其实，游客需要的旅游特色小镇无外乎就是旅游 + 特色 + 小镇。旅游的要素也无外乎食、住、行、游、购、娱。用特色吸引游客，用旅游经营服务游客，让游客愿意来，让游客愿意留下来，让游客高兴地消费，走了还想再来，即可！旅游特色小镇的建筑是卖还是出租不是最重要的，如何在小镇中将旅游经营与特色有机结合才最重要。

二、如何在小镇中将旅游经营与特色有机结合

建设以长期旅游经营为主的旅游特色小镇需注意几个主要问题。

（1）先定主题，主题的定位要符合小镇特点。

（2）按照旅游消费规律编制旅游经营规划，旅游经营要以游客满意为目的。

（3）按照主题和旅游经营规划构建小镇建筑的特色和空间布局，建筑是为了实现游客喜爱的旅游经营载体。

（4）制定小镇各项特色活动规划，特色活动是旅游经营的重要方式。

（5）要为旅游经营和特色活动准备好资金，巧妇难为无米之炊，建

筑需要投资，旅游经营和特色活动同样需要投资。

很多火爆商业街区的经营内容和布局都是经过长期磨合而形成的，新建旅游特色小镇需要吸收这些成功经验，既要特色突出，又要结合旅游经营的特点。旅游特色小镇只有适合游客的旅游消费，才会有可观的旅游收入，旅游特色小镇的旅游产业才能成功。

◇ 旅游商品产业将随全域旅游发展迎来黄金期*

旅游商品产业进入了快速发展期，已成为各项旅游收入中占比最高的产业，但旅游购物和旅游商品产业并没有因此受到足够的重视。

从 2009 年国务院 41 号文件提出加大旅游购物在旅游收入中的比重开始，旅游商品产业进入了快速发展期。如今，旅游商品产业进入了最好，也是最艰难的时期。旅游购物收入已突破万亿元，一些省市的旅游购物收入在旅游总收入中的占比已超过 30%，一些市县的旅游购物收入在旅游总收入中的占比已达 50% 以上，成为各项旅游收入中占比最高的产业，但旅游购物和旅游商品产业并没有因此受到足够的重视。

与各地大规模投入建设旅游特色小镇、民宿、景区的热潮相比，鲜有大规模投入旅游商品开发的消息。不易推动、不显政绩、涉及部门多、协调工作难、费力不讨好，让推动旅游商品产业发展的工作还处于“潜水”偶尔“冒泡”的阶段。相比旅游业中其他领域的热火朝天，旅游商品产业仍在艰难前行。创新与守旧、发展与停滞，各种因素构成了旅游商品产业的发展趋势。

* 陈斌 . 旅游商品产业将随全域旅游发展迎来黄金期［EB/OL］. 中青在线，2017-05-18.

一、旅游商品产业发展继续加速，各地发展水平将持续分化

旅游商品收入从2009年的2000亿元左右，到2016年已近12000亿元。旅游商品收入的总量将逐年提高，越来越多的省、市、县开始关注旅游商品产业的发展。由于各地对旅游商品产业重视程度不同，推动工作的方法不同，发展的方式不同，以及推动工作连续性的不同，在涌现出一批旅游商品产业发展迅猛地区的同时，一些地区的旅游商品产业发展缓慢，或忽快忽慢。虽然国务院连续几年发文，但在省市旅游主管部门负责人轮岗、调整中，一些新的负责人不愿开展旅游商品产业的推动工作。与很多基层市县积极推动相比，形成了国家热、基层热，部分省市冷的局面。

笔者在调研中发现，即使在技术、加工力量强大，物产资源丰富，文化资源富集的地区，旅游商品发展得也不一定好。其主要原因是：仅开发出商品是不够的，只有购买者是旅游者时，这种商品才能称为“旅游商品”。在全国旅游商品发展远比旅游发达国家还落后的时期，旅游商品的推动和协调工作是不可或缺的。不愿承担推动发展的责任，不去开展工作或胡乱开展工作，使一些省市纵然拥有技术、加工力量、物产资源、文化资源，旅游商品产业发展却仍很落后。

一些经济发达省市虽然每年报出的旅游购物数量较为可观，但人均旅游购物额变化不大，且旅游者主要购买的是国外名牌产品。本地的特色商品占比很少，民族的特色商品更是少得可怜。推动工作乏力，只要数字不干活的现象突出。从人均旅游购物数量，旅游者对旅游商品的评价，特色旅游商品的人均购买数量，特色购物店的实际销售情况等方面，均可以看出各地旅游商品产业的发展水平将持续分化。

二、特色旅游商品的开发逐渐加速，品牌、品质将继续提高，

但短期难以彻底改观欠缺的局面

随着旅游商品的全面发展，人们逐渐认识到要根据旅游者的购买习惯开发旅游商品，也逐渐明白了普通旅游商品重在销售环节，特色旅游商品重在开发环节。从全国性的旅游商品大赛的参赛品类变化可以看出其推动旅游商品开发的用意。2009 年，中国旅游商品大赛以纪念品、工艺品为主；2015 年，中国特色旅游商品评选包括了旅游食品、茶叶、纺织品、竹木、陶瓷、电子设备、个人装备、纪念品、工艺品等十大类；今年，即将举办新增了化妆品、酒类、饮料、玩具等品类共 20 大类的中国民族特色旅游商品大赛。

特色旅游商品开发不仅被广大旅游商品企业所接受，而且带动了一些地区旅游商品的品牌建设，还使旅游商品的品类、品种增加迅速，旅游商品的品质有所提高。与旅游者的需求相比，与潜在的、庞大的旅游购物市场相比，特色旅游商品的品类、品种还很不足，品质还不高，品牌还很少，这样的局面短期内难以彻底改观。

三、旅游商品产业分工逐渐细化，创意不足的问题逐步扭转

分工细化是社会发展、产业发展的必然趋势，旅游商品也不例外。旅游商品产业要形成完整的链条就需要分工细化。近年来，参与旅游商品设计、生产、销售的企业和个人越来越多。一些规划、咨询、策划、营销、管理的单位和个人已纷纷加入旅游商品的产业中。当然，鱼龙混杂是避免不了的。有的既没有设计过，也没有生产和销售过旅游商品的单位或个人，连旅游产品和旅游商品都没分清，一夜之间就自称为“旅游商品专家”，甚至著书立说，其内容漏洞百出，因为内容违背了旅游

商品的规律，结果只能是谁用谁遭殃。但这是旅游商品产业在分工细化发展中的问题，分工细化的趋势不会改变，且会越分越细。

分工虽然在向细化发展，但旅游商品无论在设计创意、销售创意，还是在商业街创意、购物店创意等方面均很落后。很多规划、咨询、策划、营销、管理的单位和个人很热心于旅游商品产业，但由于缺少对旅游商品的特点、规律的了解，要么缺少创意，要么违背规律胡乱创意，造成符合旅游者需求的旅游商品产业链各环节的新创意都非常少。加上各地有效地推动各环节创意的政策、工作、活动很少，旅游商品创意不足的问题将会持续，随着旅游商品产业分工逐渐细化，旅游商品产业链的意识逐步提高，更多的了解旅游商品的创意人才不断加入，一些地区的示范作用逐渐发挥，旅游商品产业链中各环节创意不足的局面将会逐步扭转。

四、旅游商品与旅游的结合度增加，过于重视在景区旅游商品销售的现象将逐步改观

人们逐渐认识到，只有旅游者买走的商品才是真正的旅游商品。在自助旅游者已占绝大多数的情况下，如何让自助旅游者知道去哪里能方便地买到喜爱的旅游商品，使旅游购物成为旅游的一部分，就需要把旅游商品的开发和销售与旅游密切结合，开发富有旅游地物产特色和文化特色的旅游商品。

长期以来，人们总误认为旅游商品的最佳销售地点是景区。由于受到体量、构成、特点、安全等条件的限制，以及旅游者的购物习惯影响，大多数景区并不适合大规模开展旅游商品的销售。旅游购物主要集中在便于旅游者到达，游客又喜欢去的地方，如特色商业街、商场、超市等。

虽然一些新生的旅游商品企业还在往景区跑，一些景区内也到处开设旅游商品店，但笔者在调查中发现，很多景区的所有旅游商品店的销售面积与当地旅游购物街同等面积的店相比，在销售类似旅游商品的前提下，销售额相差甚远，旅游购物街远胜旅游景区。随着各地可能加强的旅游景区的管理工作，非商贸的旅游景区可能会减少商业气氛，旅游商品销售将淡出景区，走入旅游商业环境中销售。

五、旅游商品产业将伴随全域旅游发展而发展

虽然在全域旅游的各项指标中，只字未提旅游商品，但要达到全域旅游的指标仅仅靠门票和游客的吃住是远远不够的。即使在全域旅游中的特色旅游小镇、工业旅游、乡村旅游中，如果没有旅游商品销售的支撑，也难以长期发展。旅游要素中的吃、住、行、游均是有上限的，而旅游商品的销售是无限的。要实现旅游产业发展就离不开旅游商品产业。当前，各地的全域旅游还处于规划、工程建设时期，旅游商品产业还习惯性地被有意无意地忽视。随着全域旅游的快速发展，一旦需要完成指标，需要房地产以外的回报时，旅游商品产业必然受到关注。旅游商品产业必然随着全域旅游的发展而发展。

扩大内需的途径有两条，一条是投资拉动，另一条是消费拉动。除了出口以外，消费的对象有两个，一个是当地居民，另一个是外地旅游者。当地居民的消费相对稳定，外地旅游者则是最大的变量。旅游商品产业直接面对外地旅游者消费，也影响着当地居民消费，是各地最易变化的经济增长极。随着社会经济的发展，随着扩大内需、扩大消费，随着旅游业的高速发展，旅游商品产业将逐渐被各地重视，即使一些地区出现反复，旅游商品产业总体向好的发展趋势并没有改变，在国家的高

度重视下，在基层和企业的积极参与下，旅游商品产业将越来越大，越来越强。

◇ 让旅游消费撬动旅游一业兴百业*

近年来，有些地区旅游人数增长超过 70%，旅游收入增长 20% 以上，但人均旅游收入却下降了 20% 多。旅游越来越火爆，旅游人数越来越多，但旅游收入并不高，尤其是人均旅游收入增幅不大。来了留不住，留下不消费已成常态，却带来了交通成本、治安成本、环境成本、环保成本的大增，地方各种负担加重。投入、支出与收入不协调的主要原因是对旅游消费的认识偏差，从而忽略了旅游收入对应的是全面的旅游消费。

各国对旅游的基本概念已有共识，一般认为：旅游是指旅游者的活动，即旅游者的出行、住宿、餐饮、游览、购物、娱乐等活动；旅游者是指以游览观光、休闲娱乐、探亲访友、文化体育、健康医疗、短期教育（培训）、宗教朝拜，或因公务、商务等为目的，前往非惯常环境，出行时间不足一年的出行者。

但在具体工作中，我们却经常把旅游者缩小到以游览观光、休闲娱乐、文化活动等为目的的出行者。旅游也被缩小到以游览观光、休闲娱乐、文化活动等为目的的出行者的出行、住宿、餐饮、游览、购物、娱乐等活动。而以探亲访友、体育、健康医疗、短期教育（培训）、宗教朝拜，或以公务、商务等为目的的出行者的出行、住宿、餐饮、游览、购物、娱乐等活动被排除在外。由此带来的最大问题是：本应有的旅游

* 陈斌．让旅游消费撬动旅游一业兴百业［N/OL］．中国青年报，2018-05-10（08）．

服务被严重省略，本应有的旅游消费被严重压缩，本应有的旅游收入被严重缩减，本应有的就业与经济效益被轻易放弃。

不同目的的旅游者的出行、住宿、餐饮、游览、购物、娱乐等活动有交集，但不是重叠关系，即使同一目的的旅游者的活动也有很大差别。忽略了这些规律，很多地区的旅游发展劳民伤财，费力不讨好；投资巨大却收益甚少；各方投入，各界关注，然而希望与回报完全不成正比。不少地区旅游消费的淡旺季非常明显，即使旺季人均消费也多是住宿、餐饮、门票方面花费高，购物消费花费低。即使在一些地区自助旅游者已占全部旅游人数的九成以上的情况下，重视团队游客消费，不重视自助旅游者消费的现象仍很突出。这种捡了芝麻、丢了西瓜的现象比比皆是。

有些地区发展会展旅游，但没有大型展馆，或是缺少有影响力的展会，或是大型展馆附近缺少住宿、餐饮等设施，或是会展旅游所需的当地一日游非常不成熟，都会使得会展旅游徒有其名。

有的地区在发展商务旅游，但投资建设的主要是批发市场，缺少大型零售企业；或缺少晚间娱乐活动和购物场所；或缺少优惠的价格；或缺少对外宣传；或缺少适合商务旅游者的景区景点，这些也使得商务旅游的收益大打折扣。

有的地区在发展健康、养老旅游，但缺少与之配套的医疗设施，以及酒店、民宿、度假村等为老年人提供住宿服务的基本条件。有些地区环境污染严重，还要发展健康旅游、养老旅游。某地曾请笔者和几位行业人士前去指导健康、养老旅游地的建设，下车后，当地负责人指着大雾咳嗽着说："我们准备在这里建设一座健康养老小镇。"真不知来此镇的人是为了健康还是为了得病。

建景区容易，建酒店容易，建展馆容易，建商场容易，招揽旅游者也不难，但景区是不是常年有旅游者来，酒店是不是常年有旅游者住，展馆是不是常年有吸引人的展会，商场是不是常年有旅游者购物，旅游者来了是不是消费，这些就不是行政命令、一厢情愿、自我欣赏能做到的。

有人把不同目的的旅游者概括为来此地的外地人，把旅游服务概括成为外地人服务。此说法虽不严谨，但却有些道理。当下，为本地居民服务越来越完善，但许多地方缺少为外地人服务的意识。这种意识在城市规划中缺乏，使得在城市功能、道路建设、宾馆餐饮、购物娱乐、节庆活动等方面只考虑本地居民的方便，没有考虑外地人——旅游者的方便。本地居民消费是稳定的，而旅游者才是各地最大的消费增长点。

国务院办公厅印发《关于促进全域旅游发展的指导意见》中提出，推动旅游与城镇化、工业化和商贸业融合发展；推动旅游与农业、林业、水利融合发展；推动旅游与交通、环保、国土、海洋、气象融合发展；推动旅游与科技、教育、文化、卫生、体育融合发展等。

旅游与其他产业融合发展的最大难点是融合。融合不是简单的1+1的关系，也不是谁服从谁的关系。融合的关键是旅游与各产业按照各自的规律进行互补。旅游有旅游的规律，其他产业有其他产业的规律，我们需要的是既符合旅游规律又符合其他产业规律的融合。

《中共中央国务院关于支持海南全面深化改革开放的指导意见》明确提出，要提升旅游消费水平。中央对海南的战略定位为“全面深化改革开放试验区”“国家生态文明试验区”“国际旅游消费中心”。海南发展旅游的定位一目了然，也对各地发展旅游的定位有着重大的示范意义。

发展旅游消费要搞清楚谁是旅游者，旅游者的需求是什么；要发挥各产业的优势，与旅游融合发展；要引导旅游者前来，引导旅游者消费，在旅游者满意的前提下，增加旅游收入，实现扩大就业，从而实现一业兴，百业兴。

◇ 景区的旅游消费要从规划做起*

不少景区越来越重视旅游购物和旅游商品的开发，目的是弥补门票收入的不足。近年来，很多新建景区的吸引力不强，单从观光而言，景观资源的价值不大，不要说吸引全国各地的旅游者，就是对本省人也没有吸引力，有的景区甚至对本市人也没有吸引力。

一年的绝大多数时间里，这些景区门可罗雀，难觅旅游者，景区门票收入寥寥无几。景区的投资者顽强坚持数年后，在近乎弹尽粮绝的时候，突然想到了还有旅游购物消费这根救命稻草。于是在景区没有足够客流量的情况下，想从游客的景区购物上大捞一笔。一时间，一批景区里的购物店亭迅速建了起来，有的规模巨大，单体购物店达到数千或上万平方米，有的门票高昂的观光景区内遍布购物店。由于缺少游客，一些景区负责人心急如焚，不惜勾结少数贪财旅行社，采取来一个宰一个的办法强迫游客购物，既违法违规，又破坏景区声誉，无异于自杀。

在调研中笔者发现，大量新建景区存在着两大通病：

一、景区规划缺少旅游消费系统

少有人说迪士尼乐园存在不合理的旅游消费，其主要原因是迪士尼在规划时已将旅游消费融入旅游过程之中，成为迪士尼旅游的一部分。

* 陈斌．景区的旅游消费要从规划做起［EB/OL］．中青在线，2017-04-13.

无论是餐饮、住宿、购物、娱乐等旅游要素，均体现了迪士尼独有的特色。从迪士尼的餐具到迪士尼的糕点，从迪士尼风格的酒店大堂到迪士尼贴牌的酒店洗漱用品，从迪士尼的店铺到迪士尼的特色旅游商品，处处、件件是迪士尼独有的。而且所有设计都是那么可爱，令大人、小孩，男士、女士都很喜欢，使旅游消费成为游客的自然行为。傍晚的花车巡游，天黑之后的灯光演出，以及乐园周边的主题酒店无不延续了迪士尼的特色，又让游客高兴地留了下来。

反观国内很多新建景区，在规划时就注定了景区未来经营的困境。第一，普遍把旅游消费收入主要定位在景区的门票收入，在此定位下，景区规划时没有考虑景区二次消费的经营模式，更没有在二次消费经营模式的前提下规划景区经营性建筑的布局。第二，将景区门票以外的二次消费运营定位在委托或出租上，寄希望于各商户焕发对景区总体经营的热情和智慧，为景区总体运营排忧解难。第三，貌似很全面的景区规划却总是以让游客快速游览，快速离开为原则。当下流行的、最典型的景区规划是：景区内一条笔直、宽广的大道，巨大的广场，高大的、仅有外表没有内容的宫殿，孤零零耸立在露天的巨型塑像，一座让人不敢进门的大餐厅，几个千篇一律的纪念品店，一家普通游客难以接受的四星或五星级酒店。这种景区规划的核心问题是，按照简单的城市规划做景区规划，而一般景区内既没有大量永久居民，也没有大量均衡的消费。景区规划的景观需多而巧，景区消费需散而便，尤其景区游客步道要适合游客，忌讳按照高速公路样态建游客步道。

二、景区与周边的建设脱节

在国外旅游发达国家，很少看到孤立的景区，大型景区本身就不多，有些只能称之为景点，但无论是景区还是景点均与周围的景观和配套服务紧密结合。无论是欧洲很多国家的一栋栋历史建筑景观周边，还是日本的富士山下一个个湖泊景区周边，遍布着一座座精致的客栈、小酒店、餐饮小街、特色商品店，在温柔的消费环境中，让游客全面体验当地的特色，很轻易自然地使游客留下来消费。

国内很多新建景区，从规划时就没有考虑景区与周边的配套服务结合。经常见到，在一些景区的规划图纸上，景区周边是一片绿地，而现实中周围是一片房屋。这种规划把景区设计成一个完全的独立体。其结果周边不帮景区，景区也不会为周边的经济作出贡献，游客也不能满意地体验和消费，几方面都不得好。

国内自称景区的机构已有几万家，A 级景区也有近 8000 家。景区做好了，或大或小是当地经济的增长点。景区做不好，既浪费资源，又给当地带来了麻烦。但是，景区规划的问题不能仅怨规划单位。有个著名旅游规划设计院灵魂人物讲过一句名言:“我要知道景区怎么挣钱，我就自己做景区了。”

现在的景区规划喜欢大谈文化，文化是需要的，但投资需要回报，运营收入也非常重要。景区规划需要景区的投资人搞懂景区规划的核心和关键，需要明确景区消费和景区周边消费的关系，需要用景区与周边运营的思维反推出景区的规划。近年来，新建的景区很多，经营失败的景区也不少，全域旅游会催生一批新景区，景区投资者既不能盲目迷信“大咖”“大腕”，也不能盲目自信，需要实事求是地、科学地、认真地为景区的消费模式定好位，再去做好景区规划。

◇ 老年人旅游消费市场潜力极大*

每天，从清晨到深夜，北京前门大街上从世界各地来的游客或三三两两，或成群结队，游览购物。每年、每月、每天，游客在不断变化着。将历年的游客比较一下，明显的变化是：老年游客越来越多。不仅是北京前门大街，如果留心，在很多地区的旅游者中，老年游客在旅游人数中的占比越来越大。

联合国规定：凡 65 岁以上的老年人口占总人口的比例达 7% 以上，或 60 岁以上老年人口在总人口中的比重超过 10%，属老年型国家或地区。中国到 2020 年 60 岁以上的老人将达到 2.5 亿，65 岁以上老龄人口将达 1.67 亿，约占全世界老龄人口的 24%，这意味着全世界每 4 个老年人中就有一个是中国老年人。到 2030 年，中国超过 65 岁的老人将超过 2.3 亿。欧美国家将老年消费市场定位为“银发经济”，一些企业为普遍视力差、反应慢的老年人开发了适合他们的汽车、手表、体育器材等消费品。旅游发达国家和地区的老年人旅游产品和旅游商品也趋于成熟。反观国内，“银发”市场还仅仅处在养老地产、医疗用品等领域。适合不同消费需求的老年人旅游产品和旅游商品尚处在萌芽状态。

随便看一份老年人旅行团的广告，看到的行程内容与普通旅行团毫无二致。游览、娱乐、购物安排与普通旅行团一样排得满满当当，从早到晚，老年人旅行团与年轻人为主的旅行团一样在不停地行进中。旅行

* 陈斌 . 老年人旅游消费市场潜力极大［EB/OL］. 中青在线，2017-02-27.

社总是想利用最短的时间让游客看到最多的景观，体验到最多的风土人情，品味到最多的美食。这是年轻人所喜爱的旅游方式，对于体力、精力、视力均已下降的老年人就不适合了。现如今有个词儿叫“慢生活”，大多数老年人很适合慢生活、慢旅游。

在忙碌了几十年后，终于可以不必工作了，原来最缺少的休闲时间倒是有了，世界那么大，要到处去看看了。多数老年人更渴望休闲旅游。但休闲旅游不等于住在一个地方不动。

由于老年人的收入不同、所受教育程度不同，旅游关注点不同，旅游消费也不同。但也有共同的需求和共同的厌恶。老年人主要厌恶的旅游消费如下：

一是参团游中旅行社的种种陋习，包括：强迫购物，车上销售，购物次数过多，景区数量太少，景区停留时间过短，乘车时间过长，团餐缺少地方特色，住宿简陋不便，临时自费项目过差、过多，早晨出发过早，晚上回酒店过晚。

二是自助游中出现的车站台阶过多，宾馆缺少开水、行李服务，宾馆缺少电梯，宾馆附近缺少生活用品销售点，往返景区的交通不便，景区缺少代步交通工具等。

三是老年自驾游出现的临时修路、封路的信息不畅，高速公路服务区的餐饮质次价高，宾馆、景区缺少停车场，道路标识字体过小，道路标识位置不合理等。

其实，老年人还是很希望参团旅游，不愿给子女带来麻烦，又可省去自助、自驾游的辛苦。老年人希望的团队旅游是：离开家时就有车接；机场、车站台阶少；没有强迫购物；旅游商品不要千篇一律，不要再有甲地的旅游商品在乙地的商店里也堆积如山的现象；不一定要住星级酒店，可以是客栈、民宿，但住的地方要干净、方便、舒适、温馨；旅行团早晨出发的时间晚一点；早餐可以是自助，但要有多种蔬菜和水果；住的地方距离景区的车程不要太长；在景区停留时间要长一些；能吃到地方特色餐、小吃；晚上早点回酒店休息。有些老年夫妇还有分床睡觉的习惯，希望旅行社在分配住房前能够照顾到。还有就是服务人员的态度了，老年旅游者最不喜欢听到服务人员说“不”。有些老年人记忆力减退，行动减慢，或者忘了带证件、证明，时间紧凑的旅游，让老年人越发紧张，越紧张越容易出错，有些服务人员的态度再差一点，老年人旅游回来就是一肚子苦水要倒。

在一些旅游业发达国家的景区附近，建设的不是高大的住宅楼，而是一两层的为游客住宿服务的主题酒店、客栈、民宿等。如果说国内的旅游地产是旅游“住宅”地产，那么国外旅游业发达国家的旅游地产就应该称之为旅游“住宿”地产。老年旅游发达的国家，无论是在景点景区、街道、庭院还是旅游服务的酒店、餐厅、商场等建筑内外，基本做到无障碍步道全覆盖。很多酒店的客房虽不大，但每个细节都显得那么温馨：色彩简洁的墙体、防滑的地面、软硬兼顾的床垫、舒适的床具、明亮的洗漱间里的梳妆镜上方有着更明亮的灯等，从方方面面的细节关照老年人的生活需要。细节做好了，让老人来，住下来，慢慢地游，细细地品，也就自然而然地产生旅游消费了。

一个地区，一个企业，如果符合老年人旅游的需求，老年人的旅游消费市场可以做得很大。面对潜在的、巨大的老年人旅游消费市场，是坐在一旁侃大山，还是撸起袖子加油干，就看这个地区的有关部门和旅游业经营者的理念了。

◇ 从云南取消旅游定点购物店所想到的*

云南终于取消旅游定点购物店了。

旅游定点购物店始于旅游发展初期，当时，境外游客大量到内地旅游，由于客观存在的外汇券制度以及保证游客购买商品质量的需要，各地设立了一批旅游定点购物店。

随着经济发展和外汇券制度的取消，旅游定点购物店也所剩无几。留下来的旅游定点购物店则主要以接待国内外旅行团为主。此时的旅游定点购物店应称之为旅行团队定点购物店。强迫购物、消费回扣、垄断经营等问题隐于其中。所带来的后果则是该地区忽略日益暴涨的自助旅游者的购物消费，让旅游购物走入畸形发展的道路。

取消旅游定点购物店打开了大旅游购物市场的大门，但旅游购物的具体内容——旅游商品的大门上，还有一把锁。

当下，有人习惯把旅游的一切都往文化上扯，旅游被称为文化旅游，旅游产业被称为文化旅游产业，旅游商品被称为文化旅游商品。殊不知，文化旅游产业、文化旅游商品仅是旅游产业和旅游商品的一部分。很多地区不停地以发展文化旅游、文化旅游产业和文化旅游商品为名，大建、特建文化景区、文化餐饮、文化酒店、大型的文化演艺区，开发文化旅游商品。在旅游发达国家最被关注的、占旅游收入比重最大的、对当地经济发展影响最大的、带动当地就业最多的现代旅游购物和旅游商品却

---

* 陈斌．从云南取消旅游定点购物店所想到的［EB/OL］．中青在线，2017-04-06.

处于一种不受重视、被忽略的状态。

一些地方好不容易提到旅游购物，也只是占比越来越少的团队购物店；他们所关注的文化旅游商品，也是那些在旅游商品中占比最少的旅游纪念品和工艺品。

旅游者在景区、文化特色酒店、文化特色餐饮、文化娱乐场所购买的文化旅游商品属于文化旅游产业范畴。旅游者乘坐交通工具，如飞机、高铁、旅游大巴、出租车，绝大多数与文化无关；所购的电饭煲、马桶盖、面膜、化妆品、卷发器等也多与文化无关，但其购物行为属于旅游购物，所购的商品属于旅游商品。

文化旅游项目属于旅游吸引物，发展旅游产业需要旅游吸引物，但吸引物仅仅就是一个吸引物。对于旅游业来说，没有消费就没有收入，没有收入何谈产业。大量的旅游者被吸引来了，在旅游消费中，不能只是推动文化旅游消费。文化旅游消费仅是旅游消费的一部分，同样，在人们的日常生活中，如果衣食住行、吃喝拉撒时时刻刻都要想着文化，未免要求太高了。

在文化旅游产业等于旅游产业的观念下，一些地区把旅游的指导与监管纳入文化部门，片面发展文化旅游产业，旅游吸引物建了不少，但旅游收入却很少，对当地的经济和就业带动不大。在一些地区推动全域旅游的工作中，习惯性地出现了片面地把文化旅游产业等同于旅游产业的现象，其结果必然是大投入小回报，导致当地的全域旅游发展艰难。

对旅游、旅游产业、旅游商品的狭隘理解会造成旅游产业、旅游商品和旅游购物的畸形发展，阻碍了旅游、旅游产业、旅游商品和旅游购物的全面发展。树立大旅游、大旅游产业、大旅游商品、大旅游购物观念，以全域旅游的食住行游购娱全要素理念，以全域旅游的各产业＋旅游的全产业理念，以全域旅游的时时刻刻、方方面面的全时空理念发展旅游产业，才能使各地的旅游业成为覆盖一、二、三产业的综合性产业，构成国民经济的支柱性产业。

◇ 哪些因素影响出境旅游购物的流向*

当被问及为什么出境旅游购物时，旅游者的回答往往是：国内的商品缺少品牌、品质不好，看似品种很多，但具体到某类商品时可选择的又很少，尤其生活需要的新品少。还有一个重要的原因是价格，由于关税等各种税、费，使得出境购物时，国外品牌商品价格比国内市场零售价要便宜许多。于是出境游游客购买名牌的包、服装、手表、化妆品，甚至是电饭锅、奶粉、婴儿纸尿裤、浴液等。

这些原因是旅游者的直接感受，也是影响购物的必要因素。在这些必要因素的前提下，还有一些影响出境购物的重要因素：

一、航空公司的因素

首先，航空公司的票价影响着出境旅游者的数量流向，也影响着旅游购物不同国家地区间的数量。去南美国家、南部非洲国家的机票成本较高，去的旅游者自然要少一些，在该区域旅游购物的量也会少一些。而到周边国家的机票成本要低一些，旅游者要多一些，在该地区旅游购物的量也会多一些。

---

* 陈斌 . 哪些因素影响出境旅游购物的流向［EB/OL］. 中青在线，2017-03-09.

其次，是航空公司对行李的要求。同样的商品和同样的机票成本下，可随机免费托运和随身携带更多的行李也影响旅游购物总量。目前，如去韩国旅游，很多航空公司规定可以免费托运两件行李，每件不超过23公斤，总重量不超过46公斤。随身携带的行李一件，重量不超过10公斤。另外，由于在机场的出境候机厅提取的免税商品，一般不计入随身携带行李的重量范围，所以旅游者的免费托运行李和随身携带行李可以轻而易举地超过56公斤。但是，如果到马来西亚旅游，很多航空公司规定仅可以免费托运1~2件行李，总重量不能超过23公斤。可随身携带的行李1件，重量不超过7公斤。有的航空公司甚至规定随身携带的行李不得超过5公斤。按照很多航空公司现在的规定，同样是出境旅游购物，相比之下去韩国旅游购物就要比去马来西亚旅游购物可以带回更多的东西。

二、海关等方面检查的松紧程度

根据国家海关总署的规定，个人购物入境有5000元人民币的免税额度。另外，允许其在口岸入境免税店增加一定数量的免税购物额，连同境外免税购物额总计不超8000元人民币。按照航空公司对周边一般国家的免费托运行李不超过23公斤和随身携带行李不超过5~7公斤的要求，如果在旅游者携带正常随身物品的情况下，即使超过8000元的限额也不会超很多，除非买的是名牌包、手表等。而托运行李重量不超过46公斤，随身携带的行李重量不超过10公斤，总重量达到50~60公斤时，几乎都会超过8000元的免税额度。此时，海关检查的松紧程度直接影响到出境旅游购物的成本。有些国家的海关对于从特定国家到达的人员，实行单独的重点检查制度。而一旦被要求补税，无论是旅游者的旅游购物还是代购者的购物，所购商品的价格优势会顿时消失，出境购物额必然减少。

三、签证的便利程度

一些国家的签证难度大、时间长、要求高，虽然移民问题得到了一定的控制，但也影响了旅游者的数量和旅游购物的总量。签证容易或是免签，对旅游者的吸引力是巨大的，如果存在距离较近和其他有利因素，旅游者自然会趋之若鹜。如韩国在济州岛对中国旅游者实施了免签政策，加之航空公司等机构的配合，中国旅游者成了济州岛旅游者的主力。有报道说：去年到访韩国的外国游客共计约 1724.2 万人次，中国游客约为 807 万人次，占 46.8%。去年到访济州岛的外国游客共计约 360.3 万人次，其中中国游客为 306.1 万人次，占总人数的 85%。即使落地国给予免签证，中国口岸是否放行还是问题，这是任何一个主权国家的权力。真不知如果没有了中国旅游者，现在难觅欧美旅游者，少有东南亚旅游者的济州岛，其酒店、商业街会是什么样子。

四、利用影视进行宣传的力度

一部热映的电影《非诚勿扰》让影迷差点挤爆拍摄地的一座教堂。每天播放的一些国家和地区的影视产品，不仅造就了一批追星族，也吸引了众多的旅游者。各种“星星”推荐的商品，则被国人广泛关注、购买。但在各种商品极大丰富的今天，某国的影视宣传一旦中断，其他国家和地区的商品会蜂拥而来。

庞大的中国出境旅游购物人群流向何方，还是中国说了算！

◇ 旅游商品是发展全域旅游的好抓手*

为了打破因旅游商品品种少而造成的千篇一律的局面，从 2009 年第一届中国旅游商品大赛开始，国家旅游局、中国旅游协会一直在推动旅游商品的系列化开发。利用中国旅游商品大赛和中国特色旅游商品大赛的风向标作用，按照鼓励系列化的评审标准评选出了大量系列化的旅游商品，使越来越多的企业重视开发系列化旅游商品。

经过多年的努力，各地旅游商品系列化程度越来越高。而系列化旅游商品的发展阶段也逐渐清晰起来：

一、第一阶段

把某种文化符号或图片作为主体，直接印在不同载体上来组成系列化旅游商品。如一张风光照片印在马克杯、文化衫、鼠标垫、杯垫、雨伞上面。

二、第二阶段

把某种文化符号作为主体，经过设计，用不同载体表现出来，再组成系列化旅游商品。即使是风光照片也是经过设计后再用不同的、适合的载体呈现。如文化茶具、文化酒具、文化办公用具、文化丝巾等。

* 陈斌．旅游商品是发展全域旅游的好抓手［N/OL］．中国青年报，2017-09-14（08）．

三、第三阶段

以材质和功能为主体，经过设计，辅以文化元素的多类别商品，各个类别又系列化发展。

第二阶段与第一阶段最大的共同点是均以文化为主体；最大区别是设计，尤其是专业的设计。

在现实中，无论是无设计感的第一阶段系列旅游商品，还是有设计感的第二阶段系列旅游商品，成系列的旅游商品已越来越多。但有些开发企业、销售企业并没有得到很好的市场收益，这在多个城市的“××礼物”旅游商品发展中体现得更加明显。由于以文化角度开发系列旅游商品，很容易出现同一文化元素下的多材质、多类别旅游商品，这从单纯的设计角度看没有问题，但从开发企业的角度来看，则很难形成专业性。即使都由外部加工，推出不同材质、不同类别的旅游商品，也很容易使制造成本较高，产品质量稳定度低，销售数量少，企业样样都懂，却样样不精通。从零售企业角度则很难吸引大量旅游者购买。不同材质、不同类别的大众化、文化味十足的商品聚在一个商店时，很容易形成杂货铺式的卖场。

几年来，不少城市的杂货铺式的“××礼物”旅游商品店经历了旅游部门强力支持、纷纷挂牌开业、惨淡经营维持、摘牌转型的过程。在中高档商品专卖店、专业店化，日用品超市化的趋势下，高、中、低档商品汇集于一体的杂货铺式销售得不到市场认可也是自然的。

而系列化旅游商品发展的第三阶段与前两个阶段的最大区别是：主体不同。第三阶段不是以文化为开发、销售的主体，但又不失文化味道，是按照制造企业、销售卖场的规律，多数旅游者的购买习惯开发、销售的。这是很多企业在经历了各种成功与失败之后，出现的新的系列化旅游商品发展阶段。如第一阶段时，宁夏风光系列是把宁夏风光的照片贴在马克杯、文化衫、枸杞的包装袋上。第二阶段时，宁夏风光系列是把宁夏风光用沙画、粮食画、枸杞画、剪纸画、刺绣等制作出来。第三阶段，不再以宁夏风光为主体，而是以枸杞为主体。出现了各种枸杞酒系列、枸杞面膜系列、枸杞精油皂系列、枸杞饮料系列、枸杞冰激凌系列、枸杞糕点系列产品。有些还在包装上巧妙添加了宁夏风光或宁夏元素。由于是枸杞主体下的多品类旅游商品，各品类又系列化，第三阶段姑且称为：类系发展阶段。

新阶段实现了旅游商品开发和销售从以文化为主体的多材质、杂货铺式散点发展经营，向以物产为主体，结合文化的类系专业化发展经营迈进。从自我为中心的供给式的旅游商品开发销售模式，向按照旅游商品开发规律和旅游者购买规律的需求式旅游商品开发销售模式发展。

各地正在开展全域旅游建设，全域旅游既要旅游者满意又要全社会受益，就需要打破门票经济，发展产业经济，扩大旅游消费，增加旅游收入。其中，发展旅游商品，增加旅游购物在旅游收入中的比重就成为重中之重。利用当地物产和文化，直接进入第三阶段，从类系角度发展旅游商品，容易让旅游者感到满意，同时富民、富企、富财政，利于全域旅游建设和可持续发展，不失为全域旅游创建工作和发展地区旅游商品的捷径。

目前，类系发展还处于萌芽阶段，即使各地已出现类系也有待进一步发展，对类系的全国性推动工作还未进行。旅游商品发展的前途光明，但还需社会各界共同努力。

◇ 不能只要数字不干实事*

在一些地方2017年的旅游工作安排中，出现了一个令人难以理解的现象。在总结2016年的成绩时，把旅游购物收入写进旅游收入里，在2017年的计划中，也把旅游购物收入在旅游收入中的比重提高了。

从数字角度来看，似乎旅游购物、旅游商品已在旅游收入中占重要地位，成为旅游收入的重要增长极，甚至是头号增长极。但在整个促进旅游发展的工作部署中，却对扩大旅游购物收入、发展旅游商品只字不提，好像是旅游购物和旅游商品的发展与该地区旅游产业发展无关。给人一种只关心旅游购物、旅游商品的数字，不做扩大旅游购物收入，发展旅游商品方面工作的感觉。仿佛只要旅游人数增加了，旅游购物自然就扩大了，旅游商品自然也发展起来了，扩大旅游购物和发展旅游商品好像是别人的事，但是又没说是谁的事。

实际上，这代表了一种恐惧心理，最重要的原因是旅游购物和旅游商品已完全市场化。在旅游产业的发展中，一切以行政命令可以做到的旅游方面的事情，不少旅游部门都想做，愿意做，抢着做。而需要旅游部门指导、引导市场发展的事，很多旅游部门都害怕做，不愿做，不敢做，也不会做。

当然，有人说：没有哪项规定要求旅游部门抓旅游购物和旅游商品

* 陈斌．不能只要数字不干实事［EB/OL］．中青在线，2017-01-19.

的发展，既然没有考核，回避也似乎无可挑剔。尤其是在抓不抓旅游购物和旅游商品，如何抓、抓的力度都由旅游主管部门自己定的情况下，蜻蜓点水式、瞒天过海式、雷声大雨点小式、装聋作哑式、失忆失语式的做法不胜枚举。

结果是：在国外发达国家旅游消费中占比最高，在旅游产业中对经济发展影响最大的旅游购物消费，以及旅游购物消费的内容——旅游商品，在很多地方竟成了旅游主管部门少问津、不问津的弃子。只是，在统计旅游收入时，绝不会忘了旅游购物收入。

人们常常喜欢引用李克强总理在博鳌论坛讲话中所说的“旅游产业不仅仅是服务业，在新经济的发展过程当中，它已经覆盖一、二、三产业，本身就是综合性产业”。而在此句话之前，李克强总理以举例的方法讲的是玫瑰精油的开发、工具的开发、家居用品的开发以及这些旅游商品对游客的销售。可见许多人并没有全面领会。

旅游购物和旅游商品涉及了商业、制造业，既有科技又有文化，综合性强，覆盖面广，市场化彻底。作为传统旅游业的管理者，对此非常生疏，尤其是在自助旅游者占了绝大多数，不再是团队游一统天下的重大变化出现后，对于早已习惯了传统旅游产业的管理者而言，扩大旅游购物消费、发展旅游商品不像发展传统旅游产业中投资建设景区、宾馆、客栈、民宿、餐厅，也不像投资建设公路、厕所，更不像花钱开几个推介会那么轻车熟路、那么容易出彩。传统旅游产业中的工作容易布置，数字容易统计，效果也容易体现。而面对市场化的扩大旅游购物收入、发展旅游商品工作，涉及部门多，遇到的问题新且复杂，专业性很强，成效不易清晰、直观地体现在旅游主管部门的业绩上，搞不好还会引来一堆麻烦，一些地区的旅游专管部门难免采取三十六计中的走为上策。

扩大旅游购物收入，发展旅游商品并非难事。《国务院关于促进旅游业改革发展的若干意见》(国发〔2014〕31号)和《国务院办公厅关于进一步促进旅游投资和消费的若干意见》(国办发〔2015〕62号)文中，对扩大旅游购物消费提出了具体的要求，国外旅游发达国家有成熟的扩大旅游购物、发展旅游商品的经验，国内的一些地区旅游购物和旅游商品业的发展也卓有成效。关键是要按照国务院的要求，不畏惧，不躲避，不贪功，不求名，勇于探索，大胆实践，踏踏实实干实事，采取切实措施扩大旅游购物消费、发展旅游商品，才能全面促进旅游消费，使旅游业成为真正的覆盖一、二、三产业的综合性产业，扩大内需、促进消费，带动经济发展。

第二章
正确认识旅游商品

◇ 开发非遗旅游商品要想着旅游者*

智慧的先人留下了很多宝贵的非物质文化遗产。随着旅游开发的热潮，利用非遗进行旅游开发越来越热，非遗旅游商品的开发也热火朝天。很多博览会上有了非遗展示，很多地区开发了非遗旅游项目，很多企业开发了非遗旅游商品，但很多非遗旅游项目和非遗旅游商品却没能得到旅游者的青睐。

有关部门的热情与投入，非遗传承人的辛劳与期盼，换来的是旅游者拍了几张照片或扫了一眼之后转身离去。当被问及为什么不喜欢这些非遗商品时，旅游者的回答多是“没意思”“没用”“没看头儿”“太土”“太老气”等。

有人提出将非遗展示和销售融为一体，以吸引旅游者。道理虽对，但经常看到的场景却是非遗传承人一人一张小桌，坐在桌后的传承人一边表演或制作，一边销售，给人一种摆地摊儿的感觉。这样做虽可以唤起人们对非遗传承人和非遗的执着和热爱的钦佩，但很难使人们产生对非遗的崇拜。况且，到处都是类似的表演和销售，旅游者初看时会感兴趣，看多了也就无动于衷了。

随着交通、互联网、通信的发展以及智慧旅游、全域旅游的建设，旅游者到某地复游的情况越来越多，原本不常见的非遗项目，从初见的陌生新奇也逐步变得稀松平常。

* 陈斌．开发非遗旅游商品要想着旅游者［N/OL］．中国青年报，2018-04-12（08）．

非遗的保护和传承必须严格按照工艺、材料、流程等要求。简言之，非遗的保护和传承要以非遗为中心，尽量回避市场的干扰，属于文化事业范畴。非遗旅游项目和非遗旅游商品的开发则需要时时刻刻、方方面面地考虑旅游者的需求，按照旅游者的需求调整非遗供给侧的开发内容，简言之，非遗旅游项目和非遗旅游商品的开发要以他人为中心，要走市场化的道路，属于旅游产业的范畴。既要兼顾文化事业，又要兼顾旅游产业，既要传承非遗，又要让旅游者满意，就要注意以下几个主要方面的问题。

一、按照非遗的类别特点与旅游要素相结合

非物质文化遗产有很多种类，国家级非物质文化遗产名录中，将非物质文化遗产分为十类：民间文学、民间音乐、民间舞蹈、传统戏剧、曲艺、杂技与竞技、民间美术、传统手工技艺、传统医药、民俗。不同类别的非遗特点不同，不同类别特点的非遗进行旅游开发的方向、方式、方法也不同，还要适应旅游者不同的需要。有些非遗适合做旅游观光，有些非遗适合做旅游体验，有些非遗适合品尝，有些非遗适合开发成旅游商品。盲目、无知、程式化地开发非遗旅游项目和非遗旅游商品必然失败。

二、非遗旅游商品的展示和销售要遵循旅游市场规律

旅游吸引物的打造有其规律，旅游购物的发展有其规律，旅游商品的开发也有其规律。旅游产业的核心是为旅游者服务，让旅游者满意。非遗旅游项目的开发和非遗旅游商品的展示、销售要遵循旅游市场规律。

在日本东京的顶级百货商场里，每年会举办一段时间的非遗商品的展销。非遗传承人坐在高档商场大厅的展示台上，定时展示其制作工艺，

工具一排排整齐地摆放在周围，展示台上陈列着一件件精美的非遗作品。强烈的仪式般的非遗展示给人以神圣、神秘、神奇的感觉，对非遗的崇拜，对非遗传承人的敬仰，使得观众轻手轻脚地走过去，关掉闪光灯，不断拍照，并荣幸地购买非遗作品。

笔者曾在多个接待旅游者的非遗工作室参观，或灯光暗淡，或缺少拍照位置，或空间狭小，或环境杂乱，或缺少作品展示柜、柜架简陋，或介绍内容贫乏。很多操作者背对或侧对参观者，而转个方向对非遗工艺并没有什么影响，但效果就会截然不同。足够的空间、足够的照度、整洁的环境、相应的展架、合适的位置、有意思的介绍，这些都是旅游服务的基本要求。

三、非遗产品创新开发既要传承又要有新应用

创新开发非遗产品的新应用既要以为现代人服务为宗旨，为现代人的美好生活而开发；又要避免以生活化为名的非遗商品的低俗化、低劣化。好东西要好好做，高档的要和高档结合，手工的要显示出手工的价值。同属非遗产品类，在与旅游结合时还要再细分，不同的非遗产品开发的旅游商品也不应相同。只有非遗产品在传承的同时又有了相应的新应用时才是旅游者喜爱的非遗旅游商品。

四、非遗创意旅游商品开发要完全市场化

非遗创意旅游商品开发与非遗产品的创新不同。非遗产品的创新者主要是非遗传承人和精通非遗的工作者。非遗创意旅游商品的开发者主要是现代市场策划者和现代设计师。非遗产品的创新要在传承中有新应用，并不改变原形态、材质和工艺等；非遗创意旅游商品的开发是取其

元素或内涵，改变原形态、材质和工艺等。目的是使非遗的元素或内涵用新形态、新材质、新工艺等展示在世人面前，通过完全的市场化进入旅游市场，进而大量融入现代生活中。

众多的非物质文化遗产体现了人类文化多样性。非遗的保护和传承为人类留下了丰富的文化资源。国务院办公厅印发《关于促进全域旅游发展的指导意见》中指出：旅游是发展经济、增加就业和满足人民日益增长的美好生活需要的有效手段，旅游业是提高人民生活水平的重要产业。随着旅游越来越多地成为人们的一种生活方式，非遗在旅游中的科学利用，既符合非遗传承的规律又符合旅游开发的规律，有利于旅游业的发展，也有利于非遗的保护、传承与传播。

◇ 狗年从狗说起*

2018年是狗年。忠诚、善良、吉祥等各种美好的词语形成一片赞狗的“汪洋”。人类很早就开始驯化狗，最终将一部分狗驯化成功，成了看护犬、玩赏犬、狩猎犬、畜牧犬、医疗犬、导盲犬、军用犬、搜救犬、交通犬、表演犬、实验犬等。可见，只要寻找优点、因材施教、重点培养、精心照料，就有可能成为有用之才，人亦如此。

经常听到一些旅游商品行业的人士满腹牢骚：境内旅游商品比境外旅游商品发达国家和地区落后的主要原因是缺乏人才。境内旅游商品缺少设计人才、策划人才、制造人才、销售人才、管理人才以及为旅游商

* 陈斌 . 狗年从狗说起［N/OL］. 中国青年报，2018-03-15（08）.

品服务的人才。

每年毕业的设计专业的大学生、硕士研究生、博士生不可谓不多，从事设计、制造、销售的人更是多如牛毛。境外一些人口只有一两千万的国家和地区，旅游业很发达，旅游购物、旅游商品也很发达，人才很多。我国单从人口数量和学士、硕士、博士的数量看，人才应该很多，但是为什么总感觉缺乏人才呢?

一、人才需要发现者

中国古代常说，千里马需有伯乐。伯乐选千里马的标准就非常重要，如果要求千里马既有速度，又有耐力，还要是某一种颜色，身高体重都有要求，甚至要求千里马还会拉车、耕地，这样的千里马是没有的。如果要求的千里马只要能够拉车、耕地就行，不要求善跑，有耐力，那这样的千里马也是假千里马，再多的假千里马也顶不上一匹真千里马。

旅游商品的各个领域都有人才，各个领域的人才应各有标准。有的需要善思，有的需要善断，有的需要善变，有的则需要善不变，不能简单地只拿一个标准来衡量。

二、人才需要发展的环境

大材小用，压制人才的环境无法发挥人才的作用。纵然是能上天入海，有七十二般变化，但被压在五指山下也发挥不了作用。

小材大用，盲目用人也同样无法发挥人才的作用。反而出现唯唯诺诺、溜须拍马的奴才式的人和无所作为、遇事躲事、绝不出头的庸才占据本需人才的位置，从而导致旅游商品的创新发展裹足不前。

三、人才需要宽容

人才与创新和工匠精神总是连在一起，如果认为某人思路过于活跃，或者说太固执，就弃而不用，人才也发挥不了作用。况且，旅游商品市场瞬息万变，即使掌握旅游商品发展规律的人也难以做到事事成功，所以需要创新与坚守，更需要对人才的宽容。

四、对人才培养需要正确的认知

有学历不等于就是人才。参加人才培训班也不等于就能成为人才，况且，“靠人才培训班就能培养出人才”的说法本身就是一个笑话。缺少与时俱进的理念，缺少实事求是的精神，缺少执着的事业心，即使有小聪明，也不能算作人才。

五、人才自身的理念很重要

旅游商品是完全市场化的，旅游商品人才对旅游商品的理念不能脱离市场的需求。如何让旅游者方便高兴地购买到旅游商品，以及旅游商品从设计时就能够吸引旅游者购买，是旅游商品人才必须具备的理念。不断创新，不断按照市场的需求进行调整，打造品牌、坚守高品质等，则是旅游商品人才所要做的事情。旅游者和投资人的满意程度，则是旅游商品人才的检验标准。只善夸夸其谈，只会弄虚作假，只搞溜须拍马，或因循守旧，则会被旅游商品市场撕开假人才的面纱。

旅游业与其他行业不同，林业、农业、制造业、服务业、商业等都涉及旅游业。农业有农业旅游，林业有林业旅游，工业有工业旅游，科技有科技旅游，商业有购物旅游，还有会展旅游、医疗旅游、研学旅游，而旅游商品又是由于旅游者购物而带来的，居民购买的就是一般商品，旅游者购买的就是旅游商品，也就是所有可带走的都可能成为旅游商品。农业有农业旅游商品，林业有林业旅游商品，工业有工业旅游商品，科技有科技旅游商品，商业有购物旅游商品，还有会展旅游商品、医疗旅游商品、研学旅游商品，旅游商品还需要策划、规划、设计、研发、制造、宣传、销售等，旅游商品涉及方方面面，旅游商品的人才涉及方方面面，不可能有一个旅游商品通才。这就需要伯乐认识某方面的人才，培养某方面的人才，使用某方面的人才，才能显出人才，用好人才，人才辈出。

人才难得又易得，人才自身很重要，伯乐和环境更重要。旅游商品产业中，蕴藏着大量的人才，只是缺少既有实事求是精神，又有现代旅游商品理念的伯乐，还缺少发挥人才优势的环境。

习近平主席在参加十三届全国人大一次会议广东代表团审议时强调：发展是第一要务，人才是第一资源，创新是第一动力。古人也曾讲，我愿天公重抖擞，不拘一格降人才。而今的旅游商品业的希望是：我愿天公重抖擞，不拘一格降伯乐。

◇ 避免新的千篇一律*

曾不止一次遇到一些关心旅游商品发展的“豪杰”，张口就说：“你给我一个授权，我在全国开旅游商品连锁店，把旅游商品销售统领起来，保证店店都一样”。姑且不说旅游者购买的所有商品皆为旅游商品，把旅游商品销售统领起来意味要包揽全部零售市场的商品，需要

* 陈斌 . 避免新的千篇一律［N/OL］. 中国青年报，2018-01-04（08）.

天量的资金。保证店店都一样，意味着全国的旅游商品千篇一律！真乃无知者无畏!

旅游者需要在优质服务的前提下，到有特色的地方旅游，吃特色饭菜，住特色的酒店，坐特色的交通工具，游览特色的景区景点，欣赏特色的演出，逛特色的商业街、购物店，购买特色的商品。旅游者最厌恶的就是一切都是千篇一律的旅游。当下，旅游者反映最强烈的是旅游商品的千篇一律。

旅游商品的千篇一律主要有几种表现方式。一是，全国到处都是“完全”一模一样的商品，如手串、折扇等；二是，全国到处都是“几乎”一模一样的商品，如帽子、文化衫、马克杯、钥匙链等；三是，当地的商店里店店都是一模一样的本地农副产品；四是，当地店铺外观一模一样、里面商品一模一样的旅游购物店。

旅游商品形成千篇一律的主要原因是：第一,一部分商品确实在全国市场的需求一样，千篇一律只是影响其销售量；第二，旅游商品经营者、管理者个人的喜好，在一些已有商品上加简单文化符号，开发起来比较容易，如帽子、文化衫、马克杯、钥匙链、鼠标垫、U 盘等，但这些商品已经多如牛毛，简单加上个文化符号，创意稍差一点，就极易沦为千篇一律；第三，违背旅游商品规律开设的旅游购物店，旅游商品经营者、管理者经常忽略旅游购物和居民购物的规律是不同的。在一个城市中开设的外观一样、内容一样的连锁旅游购物店，数量稍一多，就形成了新的千篇一律旅游购物店。

破除旅游商品千篇一律并不难。

首先，从理念上，要确立无论商品是否有明显文化特色，只要是旅游者购买的商品就是旅游商品，一切商品皆有可能被旅游者购买。推动旅游商品发展要胸怀宽广。没有哪个公司能够揽下所有旅游商品开发，没有哪个公司能够揽下全部旅游者购买商品的生产，也没有哪个公司能够揽下全部旅游者购买商品的销售。要推动旅游商品的全面发展、全社会的参与、全品类的开发、全地区的销售。只是几个企业参与，只是开发几个小纪念品的时代早已过去。

从开发上，“新”就是特色，新品本身对旅游者就有吸引力。不断研发设计新功能、新功效、新型制的新品，在复游率越来越高的时代，让旅游者每次有新的感觉。“新”的核心是生活，让生活更新，让生活充满新意，围绕新生活开发新品，满足旅游者对新生活的追求。

从制造上，在质量稳定的前提下，不断提高质量水平。旅游者对质量的要求只会越来越高，质量可靠的旅游商品不仅会让旅游者购买，还会让旅游者再买。

从销售上，按照旅游商品的销售规律，应为旅游者的自由购物提供必要的服务。包括旅游购物街区、店铺的导览，旅游商品店的开设，旅游商品店的外观，旅游商品的价格，旅游目的地购物促销活动，名店名品针对旅游者的宣传等。可以结合工业旅游、乡村旅游等将体验和旅游者的自由购物相结合。还要认真对待旅游商品的价格问题，要充分考虑旅游者对价格的敏感性，学习国外发达国家用优质低价吸引旅游者购买的经验。

从品牌上，品牌本身就可以成为特色。伴随旅游商品的品牌知名度，各种品牌旅游商品的原创地、原产地本身就具有旅游吸引物的优势。根据品牌旅游商品影响力的不同，品牌旅游商品特点的不同，吸引不同的旅游人群。品牌旅游商品还具有超越旅游者原产地购买的作用，在更广泛旅游区域引起旅游者的关注和购买。旅游商品的经营者需要从商标注册、创新设计、质量保证、合理价格、准确销售、宣传推广等方面全面塑造品牌旅游商品。

旅游商品的发展越来越受到重视，旅游商品的开发、制造既要符合旅游的规律，又要符合商品的规律。同样，旅游商品的销售也要既符合旅游的规律，又要符合商业的规律。各地的文化、物产、产业、资源不同，优势不同，各地制造业、商业的特点不同，要结合资源，发挥优势，遵照规律发展旅游商品。

不能为打破千篇一律，而去搞新的千篇一律。

◇ 捅破窗户纸之后*

今年的中国特色旅游商品大赛已落下帷幕，20 类商品分类 PK 两天后，100 个金奖实至名归。但也有人提出，原来以为旅游商品就是旅游纪念品和工艺品时，虽然经营越来越差，但还知道怎么做，现在窗户纸被捅破了，明白了这么多类商品都可以是旅游商品，却不知道该怎么做了。

由于旅游者在旅游中购买的非商业目的的商品均是旅游商品，也就是说，旅游者在旅游中花钱买的、可带走的、不是为了转卖的所有商品都是旅游商品，使得零售市场的商品都成为潜在旅游商品；而各种明显的、不明显的购物店，各种档次的商场，各种规模的商业街，均成为潜在旅游购物场所；各种零售商品的设计、研发单位成为潜在旅游商品的设计、研发单位；各种零售商品的制造企业成为潜在旅游商品制造企业；各种零售商品的研发、制造、商务、旅游等方面的主管、监管部门，成为潜在旅游商

* 陈斌．捅破窗户纸之后［EB/OL］．中青在线，2017-09-21（07）．

品的主管、监管部门；各种热心零售商品设计、研发、生产、销售的人群也自然成为潜在旅游商品设计、研发、生产、销售的人群。现在几乎形成了人人可能与旅游商品有关、各个单位也可能与旅游商品有关的局面。

旅游商品涉及面太大、涉及人太广、涉及品种太多，反而让人感到无从下手。其实，要想认真去做旅游商品，方法也很简单：该干什么就去干什么。

一是任何单位都要看清自己的位置。旅游商品涉及面再大，有关部门也不能错位、越位、缺位。企业不能干几天咨询、搞几天设计、卖几天商品，动不动就转向移位。更不能随便租个房子就开旅游商品店。如果一个单位，今天搞马桶盖，明天搞茶壶，后天搞帽子，样样都搞，样样不精，旅游者也不会买账。

二是从业者要看清自己。旅游商品涉及人再广，什么都能干的人也寥寥无几。旅游商品的每个环节都需要具有工匠精神的人。旅游商品需要干好自己的事，别老操别家的心。

三是旅游商品品种再多，每个品种也有其不同的专业特点。在旅游商品品种的设计、研发、制造、销售中，首先要关注品种本身的特点，然后才是旅游者的购买。

在2017中国特色旅游商品大赛中，浙江省旅游局选送的一款智能马桶盖获得金奖，立刻引起一番议论。第一个问题，智能马桶盖是不是旅游商品的问题已基本解决，答案：是。原因是出境旅游者确实买了不少智能马桶盖回国。旅游者在外面能买，同样可能在浙江等地买。第二个问题，智能马桶盖怎么卖给旅游者的问题也部分解决，答案是：与旅游结合，品牌+工业旅游等。第三个问题，谁去设计，谁去生产，谁去销售，谁去推动等，就各说各话了。设计是不是要有文化，生产用不用

××礼物的品牌，是旅游部门还是哪个部门去推动等。

旅游商品中很多问题解决的关键是不能自以为是，要从旅游者和各个环节、各个方面的需求角度去分析。旅游者对智能马桶盖的需求，以及旅游购物相关的智能马桶盖各个环节的需求是什么？这才是旅游者买智能马桶盖的关键。

中国特色旅游商品大赛把中国旅游商品的窗户纸捅破了，一个崭新的世界呈现在人们面前。庞大的自助游人群让机会与挑战并存，机遇与困难同在，崛起还是失败，在等待着旅游商品行业的从业者给出答案。

◇ 中国特色旅游商品大赛背后的数字*

经过数月筹备、各地不同形式的筛选、严格数量限制下的公平报名、紧张有序地提交参赛商品、近40位专家评委一轮轮认真评审，2017中国特色旅游商品大赛的100个金奖、200个银奖、200个铜奖商品，终于从1504套、1.5万多件旅游商品中产生。大赛结束几个小时后，巨幅获奖名单被张贴在赛场，中国旅游协会和中国旅游协会旅游商品与装备分会的公众号同时登出名单。一时间，全国各地媒体纷纷报道所在地区的获奖情况，不少专家也发表了感想。从报名和获奖信息分析看，此次大赛有一些过去未明显表现出的特点。

一、制造业大省优势可以发挥

本次大赛要求参赛商品分为：旅游特色食品类、旅游特色茶品类、旅

* 陈斌．中国特色旅游商品大赛背后的数字［N/OL］．中国青年报，2017-09-07（08）．

游特色饮料类、旅游特色酒类、旅游特色纺织品类、旅游特色电子类、旅游特色电器类、旅游特色陶瓷类、旅游特色玻璃品类、旅游特色金属品类、旅游特色合成品类、旅游特色日用竹木品类、旅游特色皮毛品类、旅游特色化妆品类、旅游特色个人装备品类、旅游特色鞋帽类、旅游特色首饰类、旅游特色玩具类、旅游特色工艺品类、旅游特色纪念品类 20 类报送。每个地区每类报送不能超过 5 套，总报送数量不能超过 70 套。从报送和获奖的企业名单可以看出，以浙江省为代表的制造业大省无论是报名参加省内初选的商品，还是入围大赛的商品，尤其是获得金银铜奖的商品，做到了一企业一产品，无一重复。无重复意味着企业的参与度非常高，也意味着旅游商品开发后劲十足，更显示出制造业大省发展旅游商品的雄厚实力，在浙江省旅游局高度重视下，浙江省获得大赛金银奖数量第一的成绩也是实至名归。以至于有的省份旅游商品负责人说："浙江按照这个势头，加上浙江的制造业实力，要大搞起来，就要成全国旅游商品老大了。"

二、特色与现代感可以结合

海南省获奖商品最大的特点是现代感与海南特色相结合。现代感的护手、护脚、护颈与海南沉香结合，现代感的电器与海南椰子相结合，现代感的 DIY 玩具与海南的精油相结合，现代感的服饰与海南的菠萝叶相结合，现代感的防水背包与海南文化相结合，现代感的饰品与海南的手工艺相结合等。充分运用了海南的物产特点、文化特色与现代生活紧密结合，海南省获得金银奖数量与浙江省并列第一，金银铜奖总数全国第一。

三、企业树立品牌意识增强

虽然在报名时一再强调，希望在商品名称前加上商标名，但在层层报送时难免被人们忽视。在现场提交时，一些赶到现场的企业主动与组委会协商，能否把商标名加上。有些企业甚至提出，请组委会下次在报名系统中强制设立商标名的必填栏。理由是企业非常希望自己的商标被人所知，非常愿意树立品牌，让旅游者购买品牌商品。

四、时尚的生活商品获奖数量多

在获得金银铜奖的商品中，获得大奖的时尚的生活商品，数量多。在金奖中，时尚的生活商品占比接近60%。满足人们生活需要，丰富人们生活，让人们生活得更加美好、幸福，已成为旅游商品开发的方向。现代人追求时尚，新功能、新款式、新造型等，可以使人们的生活焕然一新，也自然被专家评委所认可。商品虽然需要包装，但商品本身是否能够打动购买者更重要，时尚的生活商品绝不是穿着时尚包装的商品。

随着2017中国特色旅游商品大赛的结束，大赛的总结也拉开序幕。大赛不是目的，不是终点，需要从大赛中分析的问题还很多，发展旅游商品的路还很长。旅游商品产业需要社会各界共同努力，做大做强。

◇ 旅游消费的三大误解*

不久前,《中共中央国务院关于支持海南全面深化改革开放的指导意见》(以下简称《意见》)中提出，海南省的战略定位之一是国际旅游消费中心。《意见》还就创新促进国际旅游消费中心建设的体制机制进

* 陈斌. 旅游消费的三大误解［N/OL］. 中国青年报，2018-04-19（08）.

行了部署，提出了拓展旅游消费发展空间，提升旅游消费服务质量，大力推进旅游消费国际化等具体要求。这是国家对一个省的旅游消费发展最翔实、最全面的文件，对其他省市旅游消费的发展有着极强的借鉴和推动作用。

连续多年，我国境内旅游总人数暴增，旅游总收入也在增长，但人均旅游消费却增长缓慢，出境人均旅游消费额远高于境内人均旅游消费额的现象存在已久。主要问题是国人对旅游消费存在着一些误解。

一、旅游消费只是游客的旅游消费

旅游消费不仅是游客的旅游消费，更是旅游者的旅游消费，旅游者包括以观光游、休闲游等以游为目的的游客和以商务、研学、医疗、会议等为目的的访客。

访客与游客最大的不同是旅游吸引物不同。在国家和各地政府所在城市、商贸交易中心城市等地访客数量甚至超过游客数量，而且访客的复游次数远高于游客。但由于很多地方把旅游消费误解为仅仅是游客的旅游消费，只有针对游客的旅游消费服务系统，缺少针对访客的旅游消费服务系统，还在向访客推送早已看腻了的景区、看烦了的演出、听够了的故事、永不创新的土特产、千篇一律的纪念品。结果是旅游人数可观，人均旅游消费增长缓慢。

二、旅游消费只是文化产品消费

从消费构成看，旅游消费主要包括食、住、行、游、购、娱 6 个方面。即使在文化体现较多的食、住、游、娱中，当地文化也不可能把旅游者的消费项目全覆盖。全世界连锁的快餐、全世界连锁的酒店、全国统一的电影院线、全世界一样的大海，即使没有当地文化也有相当数量的旅游者去吃、去住、去看、去玩儿。

每个人旅游的目的不同，每个人旅游消费的目的也不同。体现在食、住、行、游、购、娱方面的文化产品，是旅游者消费的重要目的，但不是唯一目的。在休闲旅游发达的国家，到海边晒太阳的游客竟占到旅游总人数的50%；在东南亚很多名胜古迹地，中国人比欧洲人多；在东南亚很多岛屿的海滩上，欧洲人比中国人多；国人出境旅游中大量购买的智能马桶盖、电饭煲、剃须刀、手机、面膜等旅游商品的数量，远远超过购买文化产品的数量……如果仅向旅游者推荐文化产品，势必会削弱旅游者的需求，减少旅游消费。

三、旅游景区是旅游消费的主要场所

从旅游消费的位置看，旅游消费在旅游者旅游途中的各个位置，而不是固定在某个位置；从旅游者的消费习惯看，旅游者厌恶景区里的消费，已经成为共识；从旅游者对景区的认知看，旅游者认为的景区主要是名胜古迹、自然风光等；对于特色小镇等是否是景区，旅游者主要以小镇是否收门票来界定，收门票的特色小镇是景区，不收门票的特色小镇不是景区。

为了规范管理，《旅游景区质量等级的划分与评定》中将景区分为：风景区、文博院馆、寺庙观堂、旅游度假区、自然保护区、主题公园、森林公园、地质公园、游乐园、动物园、植物园，以及工业、农业、经贸、科教、军事、体育、文化艺术等各类旅游景区。但从商业角度看，景区分为三种，一种是纯商业景区，如特色商业街区和特色小镇景区等；另一种是准商业景区，如收门票的特色小镇，部分主题公园和游乐园；

还有一种是非商业景区，如风景区、文博院馆、寺庙观堂、自然保护区、森林公园、地质公园、动物园、植物园等。景区的旅游消费应主要在纯商业景区，适当在准商业景区，少在非商业景区。

无论从对文化保护的角度，还是从对大自然保护的角度，风景区、文博院馆、寺庙观堂、自然保护区、森林公园、地质公园、动物园、植物园等景区都不适合过多开设购物店、餐厅、宾馆等。没有人喜欢在到处是店铺、柜台的文博院馆、寺庙观堂里游览。也没有人喜欢在风景区、自然保护区、森林公园、地质公园、动物园、植物园等景区里大肆购物。而如果在其中有大量正式桌餐的餐厅，也极易造成对环境的破坏。

实现旅游消费需要按照《意见》中提出的："不断优化发展环境，进一步开放旅游消费领域，积极培育旅游消费新业态、新热点，提升高端旅游消费水平，推动旅游消费提质升级，进一步释放旅游消费潜力，积极探索消费型经济发展的新路径。"

旅游消费不是简单的买家与卖家之间的事，也不是简单的有和无的零和博弈，旅游消费是一个系统工程。既要实现游客到该消费的地方消费，在该消费的时候消费；又要实现商家和厂家在该提供服务的地方提供服务，在该提供服务的时候提供服务，既顺应游客的需求，又引导游客的需求。不能忘了旅游者有访客和游客之分，不能忘了旅游者的消费习惯，不能忘了游客不喜欢在景区消费，不能忘了旅游消费是完全市场化的行为，不能忘了旅游消费不仅属于商业、服务业，旅游业也是关联着一、二、三产业的综合性产业。

◇ 旅游时购物游客更爱生活化的商品*

一群游客，白天在充满文化味儿的名胜古迹中游览，晚上在文化的背景下欣赏地方戏曲歌舞，照片里无不是文化景观，对看到、听到的各种文化、景观赞不绝口。但购物时，他们买的却是家门口都有的猕猴桃、酱猪蹄、袜子、面膜……对文化的追求忽然间消失了。

旅游购物是旅游者在旅游中购买商品的行为。旅游商品与一般商品的区别只在于由谁购买，旅游者购买的即是旅游商品。

由于出境旅游受目的国语言、交通、住宿、餐饮、游览等方面的影响，跟团在很长的一段时间里是出境旅游的主要方式。近年来，随着信息技术的高速发展，订机票、订酒店、游览导航、消费电子结算等越来越完善，出境自助旅游越来越容易，越来越火爆。出境旅游购物人群也从团队旅游者为主，转变成以自助旅游者为主。以“十一”黄金周出境游为例：2016年，“十一”黄金周出境游人数近600万人次，其中跟团游客约为139.9万人次。2017年，“十一”黄金周出境游人数约600万人次，其中跟团游客约为64万人次，出境团队游客人数出现阶梯式下降。国内旅游方面，自助游更是越来越火爆，很多地区自助游的旅游者在旅游总人数中的占比已超过90%。

相比以观光旅游为主的团队旅游，自助旅游则显得“无组织，多目的”。很多人总是说文化是旅游的灵魂，但在自助旅游者的旅游购物面

---

* 陈斌．旅游时购物游客更爱生活化的商品［EB/OL］．中青在线，中青报旅游周刊，2017-12-04.

前，文化是旅游商品的灵魂吗？对于观光旅游、休闲旅游的游客来说，文化是旅游的灵魂。但对于商务旅游、医疗旅游等功能性旅游的访客而言，文化就不是旅游的灵魂。

旅游商品更是如此，人们喜欢欣赏文化，更喜欢享受生活。对大众而言，无论平日多么讲文化，旅游购物时对生活用品的关注通常都排在前面。出现了在旅游中看文化、听文化、讲文化，购物时买生活用品的现象。国内很重视文化旅游商品的开发，而境外却以生活旅游商品为着眼点。这造成了国内旅游商品中文化旅游商品多，但人均购物少；境外旅游商品中生活商品多，但人均购物多的现象。相比之下，国内一提特色就奔向文化，而境外的特色则内涵丰富，包括品牌、质量、价格、文化、物产等。

同样，正因为旅游中对文化认知程度的不断变化，使得旅游购物街区、旅游购物店与居民购物街区、居民购物店的特点不同。旅游购物街区和旅游购物店一是要吸引旅游者。最佳吸引方式是文化，简而言之：旅游购物街区景区化，旅游购物店景点化。二是要服务旅游者。毕竟旅游者不熟悉当地的商品，当地商品最好可尝或可试，还要提供运输方便。三是要善待旅游者。对旅游者的最大善意体现在商品的质量和价格上，境外购物之所以火爆，高质量、低价格是撒手锏。

人们需要文化旅游商品、需要生活旅游商品、需要文化生活旅游商品，更需要各类高质量、价格合适的旅游商品。文化的、生活的、文化生活的旅游商品都有人需要，只是人群不同、受众数量不同。旅游商品的设计者、制造者、销售者、经营者需要在大众、小众、高端、低端的不同的市场空间中寻找自己的位置。

当然，旅游商品也是商品。当下，商品的购买者包括本地居民、外地人（很多是旅游者）和网民。旅游商品的开发要以特色吸引旅游者购买，同时不能忘了居民需求和网民需求。企业开发的商品，可以卖给旅游者，也可以卖给本地居民和网民，商品还可以卖出国门。旅游商品企业要面对大市场，做出自己的特色，满足包括旅游购物在内的市场需求，引导包括旅游购物在内的市场需求，才是发展旅游商品的目的。

◇ 希望以后不再惊讶*

刚刚在江苏省南京市结束的中国特色旅游商品大赛获奖商品巡展现场，与前不久在内蒙古自治区包头市举办的中国特色旅游商品大赛展示现场的参观者都有同样的表情、同样的语言、同样的动作。

参观者不仅对国内还有这么多让人想买的旅游商品表示惊讶，随之而来的还有连珠炮似的问题，比较集中的问题是：

第一，化妆品、鞋帽、箱包等是旅游商品吗？旅游商品不就是那些在地摊上、旅游商店（团队旅游购物店）里卖的钥匙链、纪念章、玉石手镯吗？

回答：旅游者在境外购物时会不会买化妆品、鞋帽和箱包？旅游者在旅游时买的这些东西都是旅游商品。

第二，马桶盖也是旅游商品吗？

回答：旅游者在境外旅游时会不会买马桶盖？旅游者在旅游时购买的马桶盖等商品都是旅游商品。

第三，什么是好的旅游商品？

回答：旅游者喜欢并且购买数量很大的商品。仅仅有人喜欢，无人

* 陈斌．希望以后不再惊讶［N/OL］．中国青年报，2017-09-28（07）．

购买，那就是“展品”。开发的产品如果不是为了在零售市场上销售，更不是为了在旅游商品市场上销售，那就要有无私的奉献精神，不能产生经济收益。

第四，为什么没有包装奖项评选，包装不重要吗？

回答：包装物固然重要，但不是最关键的。商品本身的功能、质量、品牌、价格等才是关键。尤其是服装、鞋帽、箱包一类的商品，有多少人是因为其包装好坏而购买的呢？

第五，我家有块大石头，非常漂亮，可以参加旅游商品大赛吗？

回答：旅游者购买的，均是旅游商品。但旅游商品大赛鼓励可批量生产的参赛作品。即使再好的孤品，也不属于大赛鼓励的范围。

第六，为什么不把全国的特色旅游商品放到一个店里销售？这样大家都省事了。

回答：旅游者喜欢去真实的旅游景区游览，到真实的购物场所购买，到真实的餐馆品尝美食。旅游购物具有一种“淘宝”一样的体验，这是与居民购物最大的区别。

第七，各地是不是可以把本地的特色旅游商品都集中在一个店里销售？

回答：旅游商品销售要符合商业规律，很多不同类别的商品在大型卖场销售时要分类分区，多类集中在一个店铺销售，就给人逛杂货铺的感觉。这也就是为什么现在不少“××礼物”店一旦没有了相关部门的补贴，就纷纷倒闭的主要原因。

第八，有没有一家公司为全国的旅游商品企业统一设计旅游商品？

回答：如果有，不是骗子公司，就是包装（外观）设计公司。仅本次中国特色旅游商品大赛就分了 20 类、1500 多套，有超过 1.5 万件材料不同、文化不同、功能不同的参赛产品。俗话说：隔行如隔山。设计手机不容易，设计马桶盖也不容易，设计平衡车等同样不容易。旅游商品最关键的功能、材料应用等设计是任何一家公司都不能包办的。

旅游商品是以旅游者的购买而确定其属性的商品。旅游商品的范围非常广，涉及的行业非常多，中国特色旅游商品大赛的类别就有食品、茶品、饮品、酒类、纺织品、电子、电器、陶瓷、玻璃、金属品、合成品、竹木品、皮毛、化妆品、个人装备、鞋帽、首饰、玩具、工艺品、旅游纪念品 20 类。旅游商品仅仅是旅游纪念品、工艺品、小商品的观念已经非常落后了。很多所谓旅游商品设计者的自娱自乐式开发也该结束了。

无论你接不接受，中国特色旅游商品大赛的 20 类、1500 多套、逾 1.5 万件商品已经摆在那里，很多获奖商品销售火爆的事实也在那里。惊讶一次就可以了，总是惊讶就令人惊讶了。

◇ 旅游购物未来发展趋势*

出境旅游疯狂购物已持续多年，似乎成为我国游客境外旅游“永恒”的现象。

旅游者的需求在变化，旅游产业在不断发展，从观光旅游到休闲旅游，从智慧旅游建设到全域旅游建设，但无论怎样发展，旅游的基本要素是不变的，在一次旅游中食、住、行、游、购、娱或多或少地存在着。由于旅游的六个基本要素都带有明显的旅游消费特点，可产生旅游收入，自然属于旅游产业的主要组成部分。而被高度重视的旅游厕所革命，由于其非产业的特点，更像是旅游事业的范畴。旅游事业是发展旅游的基

* 陈斌．旅游购物未来发展趋势［N/OL］．中国青年报，2017-05-25（08）．

础，但为了经济发展不仅要发展旅游事业，还要发展旅游产业。旅游购物则是旅游产业中最大的变量，也是旅游产业中市场化程度最高的部分，其发展趋势随着旅游者的需求变化而不断变化。

一、团队旅游购物渐成“明日黄花”

近年来，团队旅游购物量在旅游购物总量中的占比逐年下降。究其主要原因：一是团队旅游者的占比下降。团队旅游者在旅游总人数中的占比越来越低，除了出境游外，仅有个别偏远地区团队旅游者占比超过10%，有些地区团队旅游者仅占2%~3%。二是不合理低价旅行团受到控制。近年来，名为低价或“零团费”团，实则以临时新增景区、景点、娱乐项目，尤其是频繁购物收取回扣为主的吸引游客行为受到多次打击，取得一定成效。三是团队旅游购物难以获得旅游者的信任，由于长期以来团队旅游购物中的强迫购物、假冒伪劣等问题时有发生，且未能根除，旅游者在参团旅游中的精神高度紧张，以致出现过度怀疑、过度维权，团队旅游购物越来越难以获得旅游者的信任。

自助旅游者大幅增加，自助旅游购物蒸蒸日上。团队旅游者占比急剧下降，加之团队旅游购物名声太差，旅游人群基本构成的变化直接影响着旅游购物的趋势。

二、特色旅游商业街区渐成重点旅游购物地

在旅游人数中占有相当份额的自助旅游者，一是不会去团队旅游购物店；二是喜欢边游边购；三是喜欢得到全面的商业享受，这些都使得购物店比较集中、吃喝比较方便，尤其品牌知名的购物店、以价格低廉出名的购物店、具有文化特色的旅游商业街区逐渐成为旅游者重要

的购物地。

三、特色旅游购物店的针对性增强

很长一段时间里，旅游购物店多开成“杂货铺”，从工艺品、纪念品到烟酒、食品，从导览、图书、报纸到各种日用品，五花八门，特色不鲜明，到处都能见到的行货多。

随着对旅游商品认识的提高，旅游商品被分为没有文化、地域特色的常规旅游商品和有文化、地域特色的特色旅游商品。旅游购物店也逐渐出现，以位置、折扣、品牌等为主要优势的常规旅游商品销售为主的常规旅游购物店，以各种特色旅游商品专卖为主的特色旅游购物专卖店越来越多。两者互相呼应，既满足了旅游者对日用商品的需求，又满足了其对特色商品的需求。

四、体验式购物渐成旅游购物常态

体验式购物越来越多的主要原因：

一是实体店与网络购物竞争而带来的结果。网络购物与在实体店购物的最大区别是对多数商品无法体验。在实体店中服装、鞋、帽、丝巾、首饰等可以试穿、试戴；化妆品、电子产品可以试用；食品、茶叶、酒、饮料等可以品尝。

二是体验式购物可以让不了解本地产品的外地旅游者快速产生购物行为。

三是体验购物本身就是旅行游玩的一种方式，易引起旅游者的关注。

随着体验式购物渐被旅游者习惯，原本没有体验环节的实体店也逐渐加入，体验式购物渐成旅游购物常态。

五、全域旅游催生购物旅游城市

旅游购物是旅游者在旅游中产生的购物行为，购物旅游则是旅游者此行的主要目的就是购物。全域旅游的主要目的是发展旅游产业，随着旅游产业的发展，在具备大规模、持续旅游购物的城市，逐步形成香港式的购物旅游城市。但经济发达的城市并不等于购物旅游城市，购物旅游城市需要对旅游购物和旅游商品有足够的理解和重视，需要对当地进行科学的旅游商业策划、规划，需要当地政策的有力支持，需要企业的积极参与，需要经过认真、务实的长期努力。

旅游购物不是旅游主管部门的旅游购物，涉及众多的部门、行业和企业，不仅需要开展很多吸引游客的项目和活动，还需要从产到销、从环境到服务的各方面有诚信、有良好的品质，要按照旅游购物的趋势去发展旅游购物，并长期坚守和创新。

◇ 旅游商品也需要高质量发展*

“高质量发展旅游业”这句话一经提出，就迅速被旅游业界人士所熟知。长期以来，投资拉动在经济发展中占主导，随着一些地区大型基建即将完成，房地产开始调控或饱和，各种建设为主的投资拉动型发展转向以制造业、服务业为主的消费拉动型发展。消费不足带来制造业停滞，人口老龄化带来制造业成本增加……与一些发达国家和地区同样的问题开始出现。如何刺激消费，成了这些发达国家和地区完成

* 陈斌 . 旅游商品也需要高质量发展 [N/OL] . 中国青年报，2018-02-9 (03) .

基本建设后共同面对的难题。

旅游业覆盖了一、二、三产业，是综合性产业，对于扩大消费起着重要的作用。旅游业必须有旅游者才能发展，随着旅游人数的增加，交通、环境、治安等的压力和投入也将增加。交通、环境的承受能力终究是有限的，当旅游人数达到一定程度时，交通、环境等方面的承受能力将达到极限，所以，仅靠旅游人数增加来发展旅游业、促进经济发展的时代将会过去。在适度的旅游人数下，全面发展高质量的旅游业，才能实现既满足旅游者的需求又促进经济持续发展的目标。

旅游六个基本要素：食、住、行、游、购、娱，对应了旅游业中的餐饮、住宿、航空、铁路、租车、景区、旅行社、旅游购物、旅游商品、娱乐等产业。六要素中旅游者消费最具弹性的项目是旅游购物和旅游购物的内容——旅游商品。有人将旅游六个基本要素带来的主要产业形容成六大或六组旅游产业，并将其比喻成六个车道，其中，可以修得最宽、通行量最大的，是旅游购物和旅游商品这个车道。

旅游购物和旅游商品属于完全市场化的领域。旅游者购买的商品皆为旅游商品，几乎包含了零售市场上的所有民用商品，连接着制造业、商业、服务业等，横向纵向跨了多个领域、多个产业、多个部门。旅游购物领域的国企非常少，有些地区的少数国企也只能在局部和某些方面起到一点作用。旅游商品和旅游购物企业大多数是民营企业，当然，即使有关部门发出行政命令，让旅游者必须购买哪种旅游商品，旅游者也不会理睬。

各地零售业所面临的主要是三大群体：当地常驻人员，也称为“当地居民”；外地短期人员，也称为“旅游者”；网上消费人员，也称为“网民”。各地作为零售业主要消费群体的当地居民每年在居住地的购物消费是稳定的，变化不大。而另一大主要消费群体的旅游者在当地的旅游购物消费则是零售业最大的变量，可能很小也可能很大。旅游购物消费对当地零售业的影响巨大，作为零售业主要后台的制造业则与零售业同呼吸共命运。二者既可以互相促进，也可能互相拆台。

试想，在经过各种推介、宣传等努力后，旅游者终于选择来到某目的地，他们离开时可能空手而归，也可以满载而归。商家和生产企业面对到来的旅游者，可能获利颇丰，也可以置之不理。有关部门可以充分调动游客进行旅游购物，使游客购物消费为当地经济添砖加瓦，也可以无动于衷。旅游购物可能发展成当地零售业的主力，也可以是长不大的娃娃兵。所有问题的关键，就看当地重不重视旅游购物和旅游商品，想不想全面发展旅游业，愿不愿意全面、高质量地发展旅游业。

随着“高质量发展旅游业”的提出，旅游业各种容易实现高质量发展的领域顿时成了香饽饽。而旅游业中那些不易实现高质量发展的领域瞬间被淡化或从纸面上消失。建景区、建酒店、建小镇、建民宿，工业旅游、乡村旅游、红色旅游，厕所革命，各地有关部门容易投资的、容易管的，企业容易投资的、容易干的，没有要求高质量的时候就已经很热闹的，有了高质量的这句话就更热闹了。而旅游消费中弹性最大、市场化程度最高，在境外旅游发达国家的旅游消费中占比超过 50% 的旅游购物，以及旅游购物的内容——旅游商品，却在很多地区高质量发展旅游业的构想中无声无息地消失了。

发展旅游购物和旅游商品需要重视，需要符合商业规律和旅游规律，需要各部门的分工协作，需要旅游主管部门的精心协调，需要各种有效的、长期的推动机制，需要不断增加的企业和机构的参与。由于旅游购物和旅游商品涉及面很广，有关部门很多，参与有 100 个理由，不参与也有 100 个理由。参与，费力；不参与，省事。有关部门在市场状况下，促进消费本来就很难，发展旅游购物和旅游商品也很难，发展高质量的旅游购物和旅游商品更难。

如何引导企业顺应消费、引导消费，进而扩大全社会的消费，一些省（区、市）做了很多卓有成效的工作。浙江省旅游局在前国家旅游局（现为中华人民共和国文化和旅游部）的支持下连续 9 年在义乌举办中国旅游商品博览会和中国旅游商品大赛。海南省旅游发展委员会对旅游商品创新予以重奖。陕西省旅游发展委员会大赛和培训交替进行。

2017 年，内蒙古自治区旅游发展委员会和包头市政府与中国旅游协会共同举办的中国特色旅游商品博览会和中国特色旅游商品大赛吸引了 70 多万观众，1500 多家企业的 1.5 万余件商品参赛。浙江省选送的智能马桶盖、内蒙古自治区选送的皂米、宁夏回族自治区选送的枸杞冰激凌等获得金奖，打开了很多人对旅游商品开发的思路。这也使得这些地方的旅游购物额不断提升，旅游商品的创新越来越多，涌现出一批优秀的品牌旅游商品。

扩大旅游消费事在人为，扩大旅游购物消费事在人为，推动旅游商品的创新和品牌建设事在人为。全面发展高质量的旅游业，全面发展高质量的旅游消费，需要全面发展高质量的旅游购物和旅游商品。

◇ 旅游商品不能总是鸵鸟式发展*

在旅游业的发展中存在一些怪现象：一是，一些号称是以旅游线路、旅游景区的推介为主的博览会上到处都在推销旅游商品，但主办

* 陈斌 . 旅游商品不能总是鸵鸟式发展［N/OL］. 中国旅游报，2018-01-17（05）.

方却在博览会的正式宣传资料中很少提及旅游商品，使市场巨大、旅游者喜爱的旅游商品在旅游博览会上处于名不正言不顺的尴尬位置；二是，一些旅游部门的负责人在正式场合很少谈及旅游商品和旅游购物，明明很清楚旅游商品和旅游购物是旅游产业的重要组成部分，但就是不愿正式说出来，纠结得使人不得不为旅游商品和旅游购物的发展揪心；三是，在很多旅游主管部门的工作计划中，或是把发展旅游商品和旅游购物一笔带过，或是对发展旅游商品和旅游购物只字不提，但在旅游收入数字中，却藏着大量的旅游商品销售收入，导致在工作计划中，虽然躲过了旅游商品和旅游购物这些字，却因缺少旅游购物这一重要旅游收入，造成工作计划的空洞化，或可称之为：缺心少肺的工作计划。

造成这些怪象的主要原因如下：

一、在改革开放后，旅游业开始大发展

由于当时严重缺少酒店、景区、演艺、餐饮、交通等各项旅游设施和服务，政府的主要投入和吸引各种投资的方向集中在这些设施的建设和服务上。在工业、科技还不发达的时代，旅游商品主要是工艺品和纪念品，在重视出口创汇的时期还比较重视旅游商品，但随着我国外汇储备的增加，旅游商品被逐步边缘化。在旅游业较发达的国家，旅游收入的大部分早已是旅游购物收入，但在国内很多人看来，旅游商品和旅游购物还属于旅游业中的非主流领域。即使在重视旅游商品和旅游购物发展的地区，旅游商品和旅游购物在旅游业中也处于二流以下的位置，不重视旅游商品和旅游购物发展的地区，旅游商品和旅游购物在旅游业中还不入流。

二、发展旅游商品太不容易被看见

建酒店、建景区、修厕所、开餐馆、做演艺，瞬间就有人知道，可以风风光光、热热闹闹，宣传报道容易，成绩也明显。而开发旅游商品既不风光，也不热闹，更少有媒体去报道，工作成绩显不出来，忙活了半天，上上下下没人搭理，这让发展旅游商品和旅游购物成为旅游工作中最费力不讨好的事。

三、即使旅游商品发展得好，也不知道功劳是谁的

旅游商品涉及部门众多，除了旅游部门以外，还有文化、科技、工信、商务、城建、工商、质监、卫生、海关、税务、财政、物价、知识产权、发展改革、农业、林业、渔业等部门。旅游商品搞不好，谁都没责任；旅游商品搞好了，不知道是谁的功劳。发展旅游商品和旅游购物还要费心费力协调各方关系，基本是谁关心谁麻烦，也就没有人关心了。最终相关部门关心的也只是旅游购物的数字。

其更深层的主要原因是将旅游、旅游业、旅游事业、旅游产业有意或无意地搞混了。旅游是人们离开固定住所一定距离、一定时间的活动的统称。包括：游览、购物、商务、会议、就医、康养、研学、探险、发呆等。而旅游的人被统称为旅游者，包括访客和游客。访客主要以就医、研学、商务、会议等为主要目的。游客则是以游览、购物、发呆、探险等为主要目的。旅游业包括旅游事业和旅游产业。旅游事业是指政府出资建设和提供的旅游公共服务，包括公共厕所、公共道路、公共导览系统、公共活动（宣传推介、大赛、博览会等）。旅游产业，是政府引导，市场化投入，以盈利为目的的，以促进消费为手段的经济活动。包含了为旅游者提供的食、住、行、游、购、娱等方面的服务。发展旅

游事业的主要目的是发展旅游产业。

在一些旅游部门的工作计划中，看似洋洋洒洒，貌似方方面面，但在概念上或是南辕北辙，或是偷梁换柱，或是掩耳盗铃，将旅游、旅游业、旅游事业、旅游产业混为一谈，将旅游者、游客、访客搅在一起，将旅游业不同发展时期的规律随意组合，结果是以客观规律为名，违反客观规律，以促进旅游产业发展为名，阻碍旅游产业的发展。

国家和有关部门对于经济转型发展，从投资拉动转向消费拉动，扩大消费、扩大内需已讲了多年；向境外旅游发达国家和地区学习也讲了多年；羡慕境外旅游发达国家和地区的巨大旅游收入也羡慕了多年；知道境外旅游发达国家和地区的旅游收入主要是旅游购物收入也知道了多年。旅游业就这么几个概念，就这么几个要素，就这么几部分旅游消费收入，就这么点儿历史，就这么点儿规律。只需要实事求是地对待，无私、无畏地实干。不能再靠无限增加人数来提高旅游收入了，更不能再靠提高门票价格增加旅游收入了。

旅游商品和旅游购物的庞大市场就在那里，境内旅游购物消费和出境旅游购物消费的巨大反差摆在那里，把头埋在沙子里的鸵鸟式的旅游商品发展模式，只能让中国的旅游商品消费市场继续沉寂。

◇ 旅游商品产业正在形成五大理念*

经过几十年的发展，尤其自2009年以来，在国家的高度重视下，旅游商品产业进入快速发展期，从2009年的3000亿元左右，发展

* 陈斌.旅游商品产业正在形成五大理念［N/OL］.中国青年报，2017-12-22（05）.

到2016年的近1.2万亿元。但各地区旅游商品发展不平衡、不充分的问题仍然突出。浙江、海南、山东等地区旅游商品产业发展的主要成功经验可归纳为五大理念。

一、全域的理念

旅游商品的全域理念——旅游者在任何地域空间内购买的商品均是旅游商品。即旅游者购买的、非服务的、可移动的商品就是旅游商品。按照2017中国特色旅游商品大赛的分类，旅游商品包括且不限于旅游食品类、旅游茶品类、旅游饮品类、旅游酒类、旅游纺织品类、旅游电子类、旅游化妆品类、旅游首饰类、旅游工艺品类和旅游纪念品类等20大类。全品类的旅游商品观念是旅游商品的全域理念的基础。旅游商品的设计、制造、销售、服务等全产业链是旅游商品全域发展的重要保证。

二、融合的理念

在旅游商品设计、制造方面，逐渐形成旅游与各产业的商品融合。从旅游商品创意设计起就是旅游+商品，利用旅游景观、景点、景区，旅游目的地的文化资源、物产资源，根据旅游者的需要开发旅游商品。其特点是，为旅游者设计的商品文化味足或物产的地域特点明显。

在旅游商品的销售方面，逐渐形成各产业的商品+旅游的融合。各产业的商品因能够满足旅游者生活需要，又在旅游者达到的购物场所销售而产生的旅游购物行为而成为旅游商品。其特点是，商品本身的文化味虽不足，地域物产特点并不明显，但或是品牌知名，或是功能新颖，或是质量优异，或是价格低廉等原因，被旅游者购买，成为旅游商品。

三、生活的理念

发展能够为旅游者带来美好生活体验的旅游商品。从开发到制造，再到销售，都是以“能够为旅游者带来美好生活”为目的而被游客购买。让旅游者知道、看到、买到使之生活美好的旅游商品，应是旅游商品主管部门和旅游商品关联企业共同的定位。

旅游者越来越不喜欢华而不实脱离生活需要的东西。随着复游率越来越高，单一纪念性商品的市场也越来越小。能够让人们的生活更安全、更卫生、更环保、更节约、更方便、更舒适、更有乐趣的实用性、功能性、趣味性等的商品更容易被旅游者所喜爱。

四、品牌的理念

品牌的力量是巨大的，旅游商品的品牌不仅包括旅游商品本身的品牌，还包括旅游购物店的品牌、旅游购物街的品牌，甚至是购物城市、购物旅游目的地的品牌。同时，品牌是质量、品种、价格等的综合体现。

打造品牌要从基础做起，要从有效的商标做起。打造一个品牌并不难，品牌知名了，质量差会砸掉品牌，服务差会降低品牌的价值，销量差会让品牌毫无意义，徒有虚名。品牌不仅要塑造，更要维护和发展。今天的品牌不等于明天的品牌，更不等于永久的品牌。

五、创新的理念

科技在发展，社会在进步，文明水平在提高，旅游者的需求在变化，旅游商品也要随之提升。各行各业都在创新，旅游商品必须不断创新，甚至要提前一点点，才能吸引旅游者，引导旅游者的购物消费。旅游商品的创新包括设计的创新，制造的创新，营销和销售的创新，为旅游者服务的创新，为旅游商品企业服务的创新，各有关部门引导旅游商品发展政策、措施的创新，有关研究机构、行业协会指导旅游商品发展工作的创新。

旅游商品的市场是巨大的，旅游购物消费的潜力、对地区经济的带动作用和对各类企业发展的作用都是巨大的。旅游商品的发展关乎人们生活、就业等诸多方面，涉及部门多、涉及企业多、涉及机构多，涉及方方面面，是扩大消费的重要抓手，需要认真地做，务实地抓，踏实地干。

◇ 发展旅游商品大事小事都是事*

前不久，在某精心策划的商业街区调研时发现，其中的多数小吃街生意兴隆，街上人头攒动，但有一条小吃街则冷清了许多。在对经营的内容、设施设备、卫生、服务质量反复对比后，笔者向经营者建议调整一两个店的经营内容，使各店的小吃在差异化的同时形成呼应，即在卖烧饼、羊肉串的附近增加汤类小吃。在调整后的很短时间内，这条小吃街的销售开始上升。看似一个很小的事情，对于旅游商业而言却可以在成本不变的前提下，增加旅游者的满意度，产生更多的消费。

经常有人说：某某商业街经过改造、修缮、重建，并重新招商之后，销售却大幅下降。店铺新了，服务更好了，为什么销售却大不如旧时？除了价格等因素，不可忽视商业街业态内容变化的因素。旧时的很多商业街中各店的经营内容是经过数年甚至数十年的自然磨合，各店形成了匹配和呼应，符合旅游者的购买习惯。当新街建成后，人为或随意进驻的各商家

* 陈斌 . 发展旅游商品大事小事都是事［EB/OL］. 中青在线，2017-04-20.

经营的业态内容不一定符合旅游者的消费习惯。与旅游者的需求差距越大，销售越低，也就不难解释为什么很多新商业街的销售不如旧街了。

旅游商品首先是商品，同时是因旅游者的旅游购物行为带来的，甚至可以理解为“旅游购物商品”。同样，旅游餐饮也是如此，只有旅游者消费的餐饮才是旅游餐饮。而旅游者按照其非本地人的特点，可以理解为“非长期停留的外地人”。本地居民消费是相对固定的，外地人包括外国人的消费则是消费中的最可变、最易增加的部分。扩大内需、扩大消费，最容易做的是扩大旅游者的消费，简单地说就是扩大“非长期停留的外地人”在此地的消费。

在发达国家和地区，旅游者在旅游中购买的旅游商品多为电器、化妆品等日用品。旅游者在不太发达的地区购买的很多是特色旅游商品。按照中国民族旅游商品博览会和中国民族特色旅游商品大赛的分类，特色旅游商品包括且不限于这些：特色旅游食品类、特色旅游茶品类、特色旅游饮品类、特色旅游酒类、特色旅游纺织品类、特色旅游电子类、特色旅游日用陶瓷类、特色旅游日用玻璃品类、特色旅游日用金属品类、特色旅游日用合成品类、特色旅游日用竹木品类、特色旅游皮毛品类、特色旅游化妆品类、特色旅游个人装备品类、特色旅游鞋帽类、特色旅游首饰类、特色旅游玩具类、特色旅游工艺品类、特色旅游纪念品类等。

由此可见，特色旅游商品覆盖面非常广泛。特色旅游商品覆盖面越广，特色旅游商品的开发就越容易。

绝大多数地区有着深厚的传统文化和丰富的物产。满足旅游者需求，发展特色旅游商品的文化、物产资源非常雄厚。各地的有关部门和企业是否真的重视是关键。在从团队游向自助游转型、从观光游向休闲游转型、从重旅游人数向重旅游收入转型的时期，很多企业还不太了解旅游市场巨变的时候，有关部门的引导显得尤为重要。

但在现实中，一些地区的旅游部门还不适应各种转型，对在境外火爆的旅游购物视而不见，听而不闻，还在用过时的思维、陈旧的模式，推动旅游发展的方式也已多少年不变。对国务院再三下文推动的扩大旅游购物消费还仅停留在口头上响应。对旅游商品行业中的一些风向标性活动不仅不鼓励企业了解，甚至抱着少干事麻烦就少的心理，能躲一事就躲一事。加之发展旅游商品，扩大旅游购物的工作涉及面广，涉及部门多，处于哪个部门都可参与，哪个部门均可推脱的局面。

看的部门多，做的部门少，即便是在一些地区的旅游主管部门中也是扩大旅游消费、发展旅游商品的大事不做，小事不管，造成一些地区发展旅游商品、扩大旅游购物的工作还在空转之中，旅游购物在旅游收入中的占比没有明显突破。

面对激增的自助旅游者，旅游商品和旅游购物发展空间之大已毋庸讳言。如果还仅仅在数旅游者人数又增加了多少，还仅仅在数门票收入又增加多少，已经太落后了。对很多地区的旅游购物、旅游商品主管部门而言，扩大旅游购物、发展旅游商品的工作固然很新、很难，但只要真的重视，积极参与，撸起袖子加油干，一定会有赶上并超过旅游发达国家的那一天。

第三章
创意开发旅游商品

◇ 演艺商品要有自己的特点*

近年来，旅游景区的各种演艺活动越来越多，有的收入可观，有的很窘迫，还有的仅火爆一阵子，如昙花一现。

目前，国内绝大多数演艺活动的收入来源无外乎是政府扶持、社会赞助、门票销售、活动场地商业设施的租赁、演艺商品销售等。其中，占比最多的是前三项。而政府扶持和社会的赞助往往是初期较多，渐渐减少直至取消，于是各种形式的门票销售成为主要甚至唯一的收入来源。很多外表光鲜的演艺活动，因为收入很少，难以为继。国外演艺收入中经常出现的占比超过其他收入的演艺商品收入，在国内还未得到充分认识。最主要的原因是大家还不了解演艺商品开发的特点。特点如下：

一、演艺活动的观众不同，演艺商品的购买对象就不同

由于演艺活动的观众不同，演艺商品潜在的购买对象也不同。有的演艺活动的对象是当地居民，有的演艺活动的对象是外地来的旅游者。即使观众都是旅游者，有的演艺活动的观众是年轻、狂热的粉丝，有的是细品慢嚼的老年人，有的是被广告吸引来的，有的是被朋友拉来的，有的则是闲着没事来看热闹的。

不同的观众看到演艺商品的感觉不同。粉丝容易被演艺商品外观所吸引，一般看客则更关注演艺商品有什么用。

* 陈斌．演艺商品要有自己的特点［N/OL］．中国青年报，2017-06-29（08）．

二、观众停留时间不同，可购买演艺商品的时间不同

由于空间等因素的限制，每个演艺活动观众的等候时间和退场的时间均不相同。演出结束，立刻登车离去与停留一会再离去所产生的购物量，有较大差距。在保证安全和便捷的前提下，使观众顺便关注一下演艺活动现场售卖的演艺商品，让观众把心仪的、能够留下美好记忆的演艺商品带回家，就是营销的胜利。

三、演艺活动内容不同，演艺商品的吸引力不同

演艺活动成功与否与演艺商品的吸引力成正比。一场激情澎湃或感人至深的演艺活动，容易使人们关注相关的演艺商品，而一场平淡如水或让人昏昏欲睡的演艺活动，也容易导致人们对其相关演艺商品毫无兴趣。

演艺活动中是否有观众聚焦点也影响演艺商品的开发与销售。有些貌似宏大的演艺活动，缺少聚焦点，仅能为演艺商品开发提供一些场面的图片，很难做出功能实用的演艺商品。

四、演艺活动现场商品销售位置不同，购买演艺商品的便利程度不同

很多演艺活动，尤其在传统剧场举行的演艺活动，由于考虑安全等因素，往往采取封闭式购物店销售的方式，严严实实的购物店仅有一扇小门，观众购物非常不便。还有些新剧场居然把购物店开在观众不易达到的二楼或附楼，虽然按照市场化的要求建了购物店，实则成了另一种形式主义。

演艺商品在演艺活动现场的销售需要处处为观众着想，在其进场时、散场后都能方便地购买到演艺商品为佳。

五、演艺商品要将生活和文化巧妙融合体现在产品上

当下，演艺商品还是以纪念品、工艺品为主。突出的是纪念性，体现的主要是演员和场景的图片，载体也主要是明信片、帽子、文化衫、马克杯、扇子、笔记本、圆珠笔、钥匙链等，再用心一些的还有手机壳、镜子、化妆盒、鼠标垫、丝巾、玩偶、贴画等。这些商品常规得不能再常规，普通得不能再普通了。功能的影响力太弱，难以打动一般消费者。

演艺商品的开发与旅游商品的开发有异曲同工之处，要以生活需要的产品为载体，将生活和文化巧妙融合体现在产品上。

六、演艺商品是否局限在现场销售，影响其不同的发展空间

很多演艺商品还停留在仅在演艺活动现场销售的层次，还没考虑庞大的社会市场。从旅游角度而言，演艺活动属于旅游吸引物，其吸引强度影响旅游者的关注程度，演艺活动的吸引强度也影响公众的关注程度。作为那些对公众产生较大吸引力的演艺活动，如果演艺商品仅仅局限于在演艺活动现场销售，必然会失去潜力巨大的社会市场。

在演艺活动现场销售的演艺商品可以为观众留下美好的记忆，现场销售的既有实用功能又有文化特色的演艺商品，不仅能丰富人们的生活，还能引起人们对演艺活动的关注。

◇ 特色旅游商品开发的八大趋势*

很多企业既想进入旅游商品行业，又纠结于不知该如何开发旅游商品。似乎每个人都懂旅游商品，每个人都能谈出一大套旅游商品的理论，听起来还都有些道理。同时，带有各种称号的旅游商品设计公司也很多，如委托其设计，数月之间设计出的旅游商品动辄几百种，但细看下来竟难以判断哪个设计符合市场需要，哪一种生产出来能被旅游者大量购买。一些企业自己设计、生产、销售的旅游商品，竟然出现了企业领导对某个新品越重视，越精雕细琢，其销售额越低的怪象。旅游商品开发进入了传说中的投入大、见效慢、周期长、回报低的怪圈。

也有些旅游商品企业的新品被市场认可，单一新品的年销售额逾千万元。细究其开发成功的关键，无外乎是遵循了旅游商品开发的趋势，符合了旅游商品市场的需求，从而得到了旅游者的喜爱。

为了使旅游商品的开发重点突出，将旅游商品按照其地域特色分为“常规旅游商品”和“特色旅游商品”，随着经济、社会的变化，旅游者的需求也在变化，特色旅游商品的新趋势正在形成。

一、特色旅游商品走向全面发展

从 20 世纪 80 年代，旅游商品从以工艺品、纪念品为主的狭义旅游商品时代，逐步向利用文化资源、物产资源、技术资源、品牌资源等地

* 陈斌 . 特色旅游商品开发的八大趋势［N/OL］. 中国青年报，2017-06-01（08）.

域特色旅游商品时代转化，从而使特色旅游商品的品类更加齐全。按照中国民族特色旅游商品大赛的分类，特色旅游商品包括且不限于特色旅游食品类、特色旅游茶品类、特色旅游饮品类、特色旅游酒类、特色旅游纺织品类、特色旅游电子类、特色旅游化妆品类、特色旅游首饰类、特色旅游工艺品类以及特色旅游纪念品类等 20 大类。

特色旅游商品的开发从系列化走向系统化，从少数企业参与向大量企业参与发展。设计企业、制造企业、销售企业的大量参与，使特色旅游商品开发向系统化的全产业链发展。山东肥城的桃木雕，不仅将桃木剑、桃木如意的传统桃木雕系列化，桃木雕的首饰、桃木雕的日用品大量出现，桃木雕与其他材料结合，开发了上百个系列的桃木雕特色旅游商品，其设计、生产、销售，构成了桃木雕特色旅游商品系统。自有知识产权的系统化的旅游商品，将对很多地区旅游商品的发展和当地经济、社会的发展产生巨大推动。

二、特色旅游商品开发向引导旅游者需求方向发展

旅游购物虽然是旅游的基本要素之一，但不是旅游者在旅游中的必选项。旅游者在旅游中可能一文不掏，也可能一掷千金。各地开发的千篇一律的旅游商品，只能体现当地“有”旅游商品。即使这些商品具有当地的文化特征，也可能因为缺乏新意或新功能，旅游者只看不买。最典型的是一些景区或城市，仅仅将其主要景观的图片贴在各种日常用品上，并没有挑起旅游者的购物欲望。

而成功的特色旅游商品开发者开发的特色旅游商品，有全新的功能或功效，使旅游者眼前一亮，爱不释手。因此，满足旅游者需求只是特色旅游商品开发的第一步，引导旅游者需求，才是激活特色旅游商品市

场的重点。

三、生活化渐成特色旅游商品开发的主流理念

有人开发了上百种文化特色的梳子，每种梳子都有明显的文化符号或造型，但梳子齿的疏密、长短却一样，也就是无论外观如何，梳子功能基本一样。结果是销售额寥寥无几。用于短发、长发、直发、卷发等的梳子，其齿的疏密、长短等是不同的。在生活中，人们首先需要的是不同功能的梳子，然后才是不同文化特色的梳子。

外形漂亮堪比摆件的路由器、时尚高雅的智能手链、功效独特的手工皂、不易粘连的菜刀……无不以生活化为前提，再与文化结合，成为生活必需的、特色明显的特色旅游商品。先生活，后文化，为幸福生活而开发特色旅游商品被越来越多的人重视，逐渐成为特色旅游商品开发的主流理念。

四、特色旅游商品开发将进入微创意时代

全新的、颠覆性的创意固然值得欢呼，但在原有的功能、功效等方面的基础上，又有微小的新创意，使功能、功效得到更大发挥，这种微创意同样可以打动旅游者。这种看似不那么“高大上”的微创意，却很容易得到旅游者的青睐。由于微创意的特色旅游商品不断涌现，生硬的创意在减少，生硬的设计在减少，也使得生硬的包装在减少，特色旅游商品开发走向微创意时代。

五、特色旅游商品委托加工渐成气候

中国虽然是“世界工厂”，但长期以来旅游商品开发企业却对外加

工不屑一顾。自己设计、自己生产、自己销售，做得自我陶醉，但投入大、回报低、规模小的局面久难改变。近年来，一些旅游商品企业开始根据自身已有和潜在的优势开发特色旅游商品。其中，委托加工成为重要的加工方式，有些甚至委托境外企业加工。突出特色、保证品质、降低成本、让旅游者得到实惠。

六、特色旅游商品开发“爆款”不断涌现

是不是被旅游者认可的特色旅游商品，需要经过市场的检验。销售量是检验特色旅游商品认可度的重要指标。

有的特色旅游商品开发企业每年开发出的品种达到上百种，但实际的销售量却很少，很难说是开发成功了。相比之下，有企业开发的一个特色旅游商品“爆款”的销售量远超数家甚至数十家自吹自擂的旅游商品开发企业。俗话说：“真金不怕火炼。”越来越多的旅游商品开发企业开始重视特色旅游商品“爆款”的开发，市场上特色旅游商品“爆款”也不断涌现，笔者认为将来会更多。

七、特色旅游商品开发将越来越重视品质

再好的药方还需有货真价实的药材，再好的设计缺少品质的保证也难以获得旅游者喜爱。出境旅游者大买特买的电饭煲、智能马桶盖、电动剃须刀、电子血压计、电动牙刷、手表、化妆品等，与国货相比不是差在设计上，多是差在品质上。在自助旅游者占垄断地位的时代，在旅游购物的实体店中，品质优良的特色旅游商品很容易受到旅游者的关注，从而倒逼特色旅游商品开发者重视品质。

品质不仅体现在商品本身，还包括商品的包装。国内有个城市有种

著名的熟食，在餐馆销量火爆，包装后的销售量却不多。主要原因是，经过塑封包装，该食物本来皮脆、肉润的特点荡然无存。塑封袋上再漂亮的图案也无法弥补经过塑封包装后对食品口感的破坏。包装的品质不能用文化代替，包装的科学性和安全性是包装品质的基本要求。

八、特色旅游商品开发与品牌建设逐渐紧密

与旅游业发达的国家有众多著名商品品牌相比，我国的旅游商品品牌无论数量还是知名度都差得很远，还不足以打动境外旅游者从数千里之外飞过来专程购物。特色旅游商品开发与品牌的建设、保护、创新、发展等，对很多旅游商品企业还是新鲜事物。

有人认为品牌可有可无；有人认为有关部门打造一个特色旅游商品公共品牌，就是特色旅游商品的品牌建设。这是对品牌这一无形资产的轻视和误解。

同样，东一榔头西一棒子，漫无目的、情绪化地开发特色旅游商品，无助于品牌的建设。要按照企业自有品牌的定位，开发适合旅游者的特色旅游商品。目前，推出自有品牌的特色旅游商品企业越来越多，将特色旅游商品开发与品牌建设结合的企业也越来越多。

遵循特色旅游商品的规律，按照特色旅游商品的趋势，结合当地资源和自身的优势，开发旅游者喜爱的特色旅游商品，利国、利民、利人、利己，多方共赢。

◇ 为大众旅游者创意设计旅游商品*

旅游商品需要有创意，只有不断推出有创意的旅游商品，才能丰富旅游商品市场，让游客有更多的选择，为游客提供更多的、令人喜爱的商品。而近年来，各种创意设计大赛非常多，设计师和设计院校的学生已经应接不暇。创意设计大赛的奖金越来越高，单个大奖数千元早已司空见惯，数万、数十万，甚至百万元大奖也频频涌现。令人遗憾的是，市场上看到的大多仍是老面孔的商品，新创意的商品还是很少，旅游商品同样如此。即使市场上出现的一些创意旅游商品也是看的游客多，买的游客少。究竟是什么原因造成创意旅游商品雷声大，雨点小，叫好不叫座的局面呢？

一是，旅游商品创意设计的主题过大、过空。很多开发者在创意设计旅游商品时所定的主题过大，尤其一些旅游商品创意设计大赛的主题听起来非常高大上。有的主题定位于中华文化，有的定位于某省的文化，有的定位沙漠文化、海洋文化、高山文化、森林文化。这些听起来气势磅礴，但创意设计时却无从下手。设计人员经常天马行空地设计了一些所谓的文化味儿创意旅游商品。文化好像是有了，但旅游者并不买账。最典型的就是经常出现很文化的包装物，里面的东西却很差。旅游者又不是傻子，一个不好吃、不好喝、不好用，甚至没用的东西，再有文化的包装大多数旅游者也不会买。

---

* 陈斌．为大众旅游者创意设计旅游商品［N/OL］．中国青年报，2017-08-03（08）．

二是，旅游商品创意设计的定位过于小众。有的旅游商品的创意设计针对的只是那些喜爱工艺品和纪念品的旅游者。艺术性、纪念性很强，少数人喜爱，多数人只叫好，不购买。大众需要的是有新功能、实用，尤其是在日常生活中用得上的创意旅游商品。

三是，旅游商品创意缺少市场专业人员的评判。现在一些旅游商品创意设计出来后请的评判者，尤其旅游商品创意设计大赛的评审专家多是缺乏市场经验，或是设计政务礼品的，或是设计艺术品的，或是自己没有设计、生产、销售过旅游商品的人。有些虽然自己设计或指导设计过旅游商品，但市场的销量很差。这些缺乏市场经验的评判者经常一厢情愿地把一些连他自己都不买的，或只有极少数人可能购买的创意设计作品推荐给投资者、经营者。这些作品即使转化生产出来，进入旅游商品市场也因认知度很低，销售惨淡。造成了一些评委赞不绝口的创意设计大赛获奖作品只能挂在墙上当画看。

四是，旅游商品重创意设计轻视营销。一些经营者误以为酒香不怕巷子深，只要设计得好，就一定卖得好，创意设计的商品就要卖高价等观念。导致了旅游商品重创意设计，轻营销推广。事实证明，再好的创意商品也要有相对应的营销渠道。有些创意商品适合于实体店的体验式销售，有些适合连锁店销售，有些适合电商网上销售，有些更适合微店销售，而还有些只适合在大型旅游活动上销售。不同的创意商品的需要不同的销售渠道和销售方式。由于设计者很少在创意设计的时候考虑销售渠道等问题，需要经营者在选择创意旅游商品时不仅关注商品有没有创意，还要看创意商品是否符合自己的优势，创意商品的价格是否符合大众消费习惯。如果与自己的优势相脱离还去生产销售，片面地追究高价，很可能出现销售少，成本高、利润微的结果。

每年数量庞大的旅游者，决定了旅游商品主要应面对大众市场。也注定了旅游商品创意设计的关键不是文化，而是生活。如果从文化入手，为文化而设计，很容易脱离市场。因为人们首先追求的是美好的、品质不断提高的生活。这也就不难解释为什么出境旅游时游客会大量购买智能马桶盖、化妆品、服装、服饰、鞋、包等。旅游商品在创意设计时，首先要考虑大众需要什么，进一步要考虑大众的生活需要什么，怎样使生活更安全、方便、舒适、美丽等，如果一定要加文化特色，也要在实现了使生活品有创意时再“加”文化，不同的经营者再根据自身优势选择适合自己生产、销售渠道的创意商品进行生产、销售。以满足大众生活、文化需求的创意设计，以高品质为大众生产旅游商品，以适合的价格向大众销售旅游商品，让大众的生活更加美好，同时促进经济发展，才能实现旅游商品创意设计的多赢。

◇ 电竞旅游消费在玩中兴起*

之前，一则中国大陆电竞选手在中国台湾备受冷落的新闻，引起了人们对电竞产业更大关注。

电子竞技简称“电竞”，2003 年 11 月 18 日，国家体育总局正式批准将电子竞技列为第 99 个正式体育竞赛项。2011 年，国家体育总局将电子竞技改批为第 78 个正式体育竞赛项。电子竞技已引起亿万人关注和参与，年轻人早已成为电竞的主力，电竞大赛的热闹与疯狂，以及其带来的和潜在的巨大旅游人群，构筑了电竞旅游消费的基础。利用电竞资

* 陈斌. 电竞旅游消费在玩中兴起［N/OL］. 中国青年报，2017-07-20（08）.

源发展旅游消费，就要把电竞旅游有效地开发出来。

电竞旅游的主要方式：一是通过电竞大赛、大会、展会等聚集各地电竞爱好者，形成电竞会展旅游；二是通过电竞景区吸引旅游者前来观光，形成电竞景区旅游；三是通过电竞旅游目的地，如电竞旅游小镇，使旅游者前来观光、休闲、商务、会展等，集吃、住、行、游、购、娱为一体的电竞旅游消费系统，形成电竞旅游目的地旅游。

现在最多的是电竞会展旅游，而将来最有潜力的，是电竞旅游目的地旅游或称之为“电竞旅游小镇旅游”。

当前的特色小镇，不少是冠以旅游特色小镇名义的房地产开发项目，或者冠以旅游特色小镇名义的工业园、科技园、产业园，人们对这些小镇的评价是：“没有什么可玩的！”目前的电竞小镇与电竞旅游小镇有很大的不同。电竞小镇关注电竞产业本身，电竞旅游小镇所关注的是通过电竞而产生的旅游消费。

某一个主题的会展，由于各种因素的限制，不可能持续。电竞会展旅游不可能涵盖某个地区旅游的全部。电竞旅游小镇则可使电竞旅游在此持续下去。关键是要实现电竞旅游，要按照旅游消费规律建设电竞旅游小镇。旅游消费的规律如下：

一、电竞旅游小镇要有足够的电竞特色景观

旅游的游和游戏的游，此“游”非彼“游”，一个是在现实中，另一个是在虚拟世界，要把现实和虚拟中的“游”结合起来，通过现实中的景观让旅游者在现实中看到电竞的虚拟世界。

二、电竞旅游小镇要有足够的电竞特色住宿

旅游小镇需要旅游者来，更需要旅游者住，参与电竞要消耗时间，观光电竞景观等也需要时间，电竞旅游小镇不能没有住的地方，更需要有足够的电竞特色住宿。特色需要便于参与电竞，有电竞特色风格，还要方便、卫生、安全、舒适。

三、电竞旅游小镇要有足够的电竞特色活动

电竞旅游小镇毕竟是以电竞为主题，不仅让旅游者可以在房间里参与，还需要每天的各个时段都安排各种比赛、交流等电竞活动。

四、电竞旅游小镇要有足够的电竞特色餐饮

电竞参与者在虚拟世界拼搏时，也需要对身体做些能量补充，餐饮是必不可少的，为了吸引更多的美食爱好者，需要开发电竞主题的特色餐饮，让电竞虚拟世界的美味摆在现实世界的餐桌上。

五、电竞旅游小镇要有足够的电竞特色交通工具

交通工具需外观有特色、功能有特色，这些特色交通工具既是景观，又方便出行，还是一种娱乐。

六、电竞旅游小镇要有足够的电竞特色商品

电竞特色商品不仅是电竞中的人物摆件，更应有电竞知识产权所带来的各种有趣的、有用的、有功能的电竞特色商品。让电竞特色商品将人们的生活变得更美好、更舒适、更安全、更方便。

作为一个旅游小镇要有必要的管理机构、必要的制度和必要的人员，更必须有旅游和小镇的特征。电竞旅游小镇不能挂羊头卖狗肉，既不能没有电竞，也不能没有旅游，还应是个有吃、有喝、有玩、有乐、有住、有购、有行的小镇。

电竞越来越火爆已成为不争的事实，旅游越来越火爆也已成为不争的事实，让火爆的电竞和同样火爆的旅游结合在一起，实现虚拟与现实的整合，成为新的、巨大的、富国利民的电竞旅游产业。

◇ 有一种消费叫会展旅游消费*

人们谈到会展旅游消费时，常与会奖旅游消费混在一起，会奖旅游包含了会展旅游及奖励旅游，其中的会展旅游又包括各种会议和展览旅游；奖励旅游是公司为了激励成绩优秀的员工、经销商或代理商而专门组织的旅游活动。简单地说，会展旅游像是自助游，奖励旅游则像是团队游。会展旅游及奖励旅游的组织方式、旅游方式不同，消费方式和内容不尽相同，发展趋势也不相同。

会展旅游与会展活动有着高度的相关性，无论从会展政策、会展条件的变化，还是从会展活动数量、规模的变化来看，会展活动都直接影响会展旅游的发展，也影响着会展旅游消费的发展。会展旅游和会展消费的主要趋势特点是：

* 陈斌．有一种消费叫会展旅游消费［N/OL］．中国青年报，2017-07-05（08）．

一、会展硬件设施系统逐渐升级，服务系统和水平逐渐提升，会展旅游的条件愈发成熟

会展的硬件主要包括展馆、会议中心、酒店、餐馆等。会展服务系统主要包括：互联网系统、物流系统、商务服务等。近年来，不少地区的硬件从无到有，从小到大，从简易到完整，设施系统逐渐升级，会展服务系统和水平也逐步从满足会展基本服务，向全面满足会展服务提升。舒适、便捷的会展服务，为会展旅游提供了良好的氛围和充裕的时间。能吸引大量外地人涌入的成功会展活动，渐渐成为一地潜在的旅游热点，会展旅游由此有了活跃的基础。

二、会展旅游与节庆旅游逐渐结合，向多元组合发展

会展活动总是给人以枯燥的感觉，而节庆活动却与之相反，节庆活动恰恰可以弥补会展活动的不足。因节庆活动而带来的节庆旅游，是以各种节日、盛事的庆祝活动的举办为核心吸引物的一种特殊旅游形式。会展活动与节庆活动相呼应，使得会展旅游与节庆旅游逐渐结合。会展旅游与乡村旅游、工业旅游、科技旅游、体育旅游等旅游形式也在逐渐融合，形成会展旅游向多元组合发展。

三、会展旅游向有序化发展，与旅游旺季互补，促进全季旅游发展

由于会展活动的规模不同，影响力不同，短时间内形成不同量级的客流并集中在某一地区，势必造成不同程度的接待困难。一些地区开始协调各种会展活动的安排，使各种会展活动有节奏地开展，也使会展旅

游向有序化方向发展。面对当地因季节和文化等原因形成的旅游旺季，对会展活动有效设置、引导，从而利用会展旅游弥补旅游淡季的收入不足，与旺季形成互补，使该地区实现全季旅游消费。

四、会展旅游向政府支持、行业组织、市场化发展

会展活动离不开各级政府的支持，一些大型的会展活动在初期甚至要得到政府的资金支持。随着会展业的成熟，地区的大型品牌会展活动正在形成，很多形成品牌的大型会展活动和大多数小型会展活动，已逐步脱离政府资金支持，向行业协会组织、招展、招商等市场化方向发展。

五、旅游购物消费在会展旅游消费中的占比逐渐提高

由于会展活动时间的限制，大量参会人员前往多个景区景点旅游的可能性不大，而购买当地的特色商品是一件方便自然的事，会展旅游中的旅游购物应运而生。受购物环境，购物方便程度，购物场所服务水平，旅游商品的特色、价格、质量等因素影响，能否产生旅游购物以及购物量的多少大不相同。换言之，旅游者可能一分钱不花，也可能一掷千金。

越来越多的人认识到，通过会展活动把潜在的会展旅游消费者请来之后，需要用便利、让人满意的旅游服务促动会展旅游消费，尤其是会展旅游购物消费。

六、会展旅游促进全域旅游发展

全域旅游需要各种旅游项目、源源不断的旅游人群、全面的旅游服务、全域的旅游消费等。会展旅游对旅游项目的丰富，对旅游吸引物的

打造、对地区知名度的扩大、对全季旅游开展的促进、对旅游消费的促进作用等，无不在为一地建设全域旅游创造条件。会展旅游成为会展条件成熟地区促进全域旅游发展的重要组成部分。

从仅仅是商务范畴的会展活动，到会展+旅游的范畴；从满足参会人员需求的基本会展服务，到会展旅游服务；从参会人员的基本消费，到会展旅游者的会展旅游消费……通过食、住、行、游、购、娱的全面开花，让会展活动更加充实，让会展旅游更加活跃，让会展旅游者舒心购物。会展旅游将促进全域旅游更好地发展。

◇ 博物馆商品的发展趋势*

如何实现让游客把博物馆带回家？如何让博物馆的藏品活起来？在国家的高度重视下，很多博物馆作了大量尝试，很多企业也积极参与到博物馆商品的开发、经营中来，并摸索出一些经验。但更多的博物馆获得了一些教训：如普遍存在的从市场上进货，容易产生千篇一律的问题；而开发新品则又出现开发成本高、新品销售差等问题。博物馆商品卖得不好，主要原因是开发、经营者不了解博物馆商品的发展趋势。发展趋势如下：

一、看清自己，明确博物馆商品的定位

博物馆的种类很多，存在主体不同、主题不同、归属不同、特点不同、优势劣势不同等诸多不同。博物馆大类可分为艺术类、综合类、历

* 陈斌 . 博物馆商品的发展趋势［N/OL］. 中国青年报，2017-07-27（08）.

史类、科学与技术类等。有的博物馆是国有的，有的是民间的，有的是私人的，有的是企业的；有的博物馆建筑规模巨大，有的则仅“片瓦”之地；有的博物馆年参观人数以百万计，有的则门可罗雀。不同的博物馆需要不同的博物馆商品定位。

分析博物馆的商品时还要注意的几个问题：一要避免“美丽谎言”的干扰。一些貌似商品销售额很高的博物馆，因各种原因没有提供真实的数据和做法，使得学习者按照这些“美丽谎言”去分析自己的定位，其结果必然造成开发、经营的失败。二要谨防“正确的废话”的干扰。貌似正确的空话、大话，貌似正确的面面俱到、滴水不漏，这些都属于毫无用处的“正确的废话”，很容易把开发、经营者搞晕、累倒。三要防止“不懂装懂”的干扰。懂博物馆商品开发、经营的专家貌似很多，谁都可以说出一套理论，但是否符合市场规律，能否禁得起市场的检验，说者毫无责任。博物馆需要在实事求是地分析后，明确自己商品的定位。

二、博物馆商品的开发品类趋于“无限化”，向生活化商品发展

早期博物馆的商品多是文物复制、仿制品，后逐步出现有浓郁文化特征的纪念品、工艺品、艺术品，虽然至今仍有一定市场，但游客的购买欲望并不高。主要原因是很多人已多次到过该博物馆，这些商品既不新奇，又无实用性。体现博物馆特点的商品不应局限，理论上所有人们生活中的商品均可与博物馆的特点结合开发成博物馆商品。根据人们对美好生活的向往，博物馆商品要向着让人们的生活更安全、方便、舒适的生活化商品方向发展。

三、博物馆商品不仅是博物馆旅游商品

根据旅游商品的定义，在博物馆里卖给参观游览者的商品是博物馆旅游商品。卖到博物馆外的商品则是博物馆外销商品。由于网络的发达，博物馆内销售商品主要是通过实体店，博物馆外销商品则是实体店加网店。一些博物馆的外销商品已占博物馆商品销售总量的 80% 以上。不仅给博物馆带来可观收益，还产生了巨大的宣传作用。

四、博物馆商品向品种多又有爆款发展

博物馆商品品种多，让人有更多选择。但品种多不等于开杂货铺，商品不仅要有博物馆的特点，品类更要相对集中，尤其要有主打商品。博物馆自身开发的主要是主打商品，证明开发成功的标志是销量，也就是人们常说的“爆款”。目前，多个年均客流量二三十万人次的小型专题博物馆，其外销单品收入已达千万元以上，让一些客流量大的博物馆都很羡慕。商品的开发和其销售额能否冲高，是博物馆商品经营开发的关键，尤其是客流量少的小型博物馆，商品开发、经营是重中之重。

五、博物馆商品向高品质方向发展

博物馆藏品本身就是人类文化的精华，代表着当时的高品质。博物馆开发、经营的商品不应出现假冒伪劣、低质高价等破坏博物馆形象的现象。人们对一般商品尚且追求高品质，何况是博物馆商品。高品质应是博物馆商品的显著特征。

六、博物馆商品定价趋于科学

价格对商品销售的影响众所周知，传统的博物馆商品给人们留下的印象是价格太高，主要由于多是文物复（仿）制品、工艺品、艺术品等。随着博物馆商品向生活化发展，需要按照人们对生活化商品的价格接受规律给予科学的定价。

一座座博物馆是人类的宝库，其中的藏品都是人类智慧的结晶和历史的见证。把博物馆带回家，让博物馆的藏品活起来是博物馆人的责任。博物馆商品的开发、经营可以让更多人关注博物馆，也可给博物馆带来效益，还可为众多企业带来发展空间。

保护博物馆的藏品，让博物馆藏品的价值得以体现，让人们的生活更美好。

◇ 景区商品发展的六大趋势*

近些年，景区商品有了突飞猛进的发展，但对于大多数景区来说，还远未形成规模。景区商品包括景区旅游商品和景区外销商品。

景区旅游商品是指游客在景区购买的商品，主要是游客在景区游览时，因景区的直接景观、物产等激发了购买欲望所购买的商品。景区外销商品是指景区销售给游客以外人群的商品，主要依据景区的自身品牌和景区的主要概念开发的、使千万里之外的人们购买的商品，包括从景区相关网店上购买的商品。如游客在故宫购买的商品属于景区旅游商品，

* 陈斌 . 景区商品发展的六大趋势［N/OL］. 中国青年报，2017-06-15（06）.

人们通过网店或故宫外的实体店购买的故宫品牌和概念的商品，则属于景区外销商品。

我国有2.6万家景区，近7000家A级景区，景区商品的发展空间非常大。经过多年探索，景区商品的发展趋势逐渐清晰。

一、根据特点进行景区商品定位

目前，景区的类别有20多种，包括名胜古迹景区、博物馆景区、森林景区、湿地景区、主题游乐景区、工业旅游景区、科技旅游景区、乡村旅游景区、经贸旅游景区等，景区本身就在向多元化发展。即使在同类景区中，规模、吸引力、游客人数等也有很大差异。在景区商品开发中，最忌讳的是将各类景区混为一谈。

有人很喜欢用国外某著名博物馆文创商品分类的比例来开发所有景区的景区商品。而仅中国的博物馆景区，就有历史类博物馆景区、艺术类博物馆景区、科学与技术类博物馆景区、综合类博物馆景区，各景区的资源和人数千差万别，如果按照一刀切的定位，必然造成绝大部分按此比例开发商品的景区销售惨淡。还有人把某些商业景区的商品开发成功经验直接移植到非商业景区的商品开发上，这种张冠李戴做法的结果毋庸多说。

影响景区商品定位的主要因素包括景区的类别、景区的资源、景区的客流量、景区的季节特点等。不同景区的游客人数、游客构成有很大差别，有些景区年游客人数近千万，而有些景区游客人数常年在几十万徘徊。旅游人数很少的景区，如果大量开发在景区内销售的景区旅游商品，势必出现因人数过少、购买力过低而带来的投资大、销售少的情况。有些旅游人数很少，缺乏资源优势的景区甚至不适合开发景区旅游商品。

有些景区的主要游客是附近地区的居民，如果以当地特产为景区旅游商品主要开发的内容，则很难让游客满意。那些以青年人探险、青少年娱乐为主的景区，传统工艺品、土特产等景区旅游商品则难以唤起游客的购买欲望。

目前，已有不少景区按照所在景区的游客特点，针对性地开发景区旅游商品。例如，某葡萄酒主题景区根据带小孩来的年轻游客较多、小孩子不能喝酒的特点，开发了葡萄酒精油皂、葡萄酒味的糕点，大受游客欢迎。

作为一个景区主要发展哪些类别的景区商品，是发展景区旅游商品，发展景区外销商品，还是两者都发展？景区根据自身特点进行景区商品的定位是一种必然的趋势。

二、发展景区外销商品渐成趋势

在景区商品发展中最容易忽略的是景区外销商品，很多景区开发的景区商品仅仅集中在景区旅游商品方面，由于景区旅游商品的销售额受到景区人数的限制，很难使景区商品形成产业规模，景区的资源得不到充分发挥，更没有使景区成为产业的孵化器或平台。

各类景区的资源价值不同，尤其高 A 级景区具有一定的旅游资源价值，充分发掘、利用这些资源可以使景区成为当地产业的孵化器，不仅可以带动当地的就业，还可以促进当地的产业升级、经济发展。根据景区的资源、特点和优势，发展景区外销商品逐渐成为景区商品的发展趋势。

三、景区商品向生活化发展

由于不少景区游客的复游率逐年提高，旅游纪念品在景区旅游商品中的比重逐年降低。游客追求的是能够使自己生活更美好的、实用化的特色商品。一些景区巧妙地满足了游客的购买需求，例如开发了泰山玉智能手链，既有景区的文化特色，又利用当地物产，还有现代功能，深得游客的喜爱。现在越来越多的景区开发生活化的景区商品，也是必然趋势之一。

四、景区商品逐渐从盲目开发走向重点开发

长期以来，不少景区追求景区商品的开发数量。由于没有销售要求，一些设计单位短时间内要么为一个景区设计了大量"贴画式"的新品，把景区的主要景观贴在帽子、杯子、钥匙链、鼠标垫、扇子、文化衫等载体上面；要么先设计几个卡通造型，再利用这些卡通造型设计用在一系列常见商品上。结果只有游客看，少有游客买。

几年前，某景区在中国旅游商品大赛上获得金奖的菜刀，对很多景区产生巨大震动。现在，一些景区商品开发的数量虽少，却以其独特性、实用性取得可观的销售业绩。景区商品拼开发数量的观念已经过时，重点开发打造"爆款"被越来越多的景区认可，景区商品从盲目开发逐渐走向重点开发。

五、景区商品的品质逐渐提高

长期以来，景区商品"质次"的问题严重影响了景区商品的发展。国外旅游发达国家在销售上获得成功的景区商品中，优质是必然的。景区商品的品质不仅代表了商品本身，也代表了景区。如果购买的景区商

品质量很差，人们不满意的不仅是景区商品，也对这个景区不满。景区本可以借助景区商品宣传景区，结果适得其反。

景区商品的品质将随着景区外销商品、景区商品的发展越来越受重视，高品质的景区商品越来越多。

六、景区商品逐渐采用科学的定价方法

景区商品价格高已成国内景区的“标志”。国外旅游发达国家的景区为了吸引游客，甚至采取了景区内商品的价格低于景区外同类商品价格的措施，使游客愿意到景区内购买景区旅游商品。国内的一些景区已经开始将优质的景区商品以优惠的价格向游客销售，并取得很大成功。有些景区的单品年销售额已达数千万元。价格因素已被越来越多的景区关注，科学的景区商品定价方法将被景区普遍采用。

无论用与不用，景区就在那里，面对景区商品的潜力，可以视而不见，也可以充分认识其资源价值，以科学的景区商品理念，发展景区外销商品、景区旅游商品，使景区的价值得到充分发挥，使景区的投资者、管理者、游客和当地百姓等各方面都受益。景区 + 产业的理念必将使一些资源价值巨大的景区在当地产业发展中起到重大作用。

◇ 发展民族旅游商品的难题*

从《国务院关于促进旅游业改革发展的若干意见》（国发〔2014〕31号）把扩大旅游购物消费列为重点工作，到《国务院办公厅关于

* 陈斌 . 发展民族旅游商品的难题［EB/OL］. 中青在线，2017-05-16.

进一步促进旅游投资和消费的若干意见》（国办发〔2015〕62号）中具体提出实施旅游消费促进计划，培育新的消费热点，丰富提升特色旅游商品，加大对老字号商品、民族旅游商品的宣传推广力度，几年来，虽然民族特色旅游商品在一些地区得到重视，推出了不少新的民族特色旅游商品，但仍有很多地区民族特色旅游商品的发展情况不容乐观。

一、旅游者在很多地区还很难买到心仪的民族特色旅游商品

一提到民族旅游商品，就有人认为是少数民族旅游商品，既缺少中华民族的大民族概念，又缺少中国五十六个民族的全民族概念。

很多部门和企业不了解民族特色旅游商品。他们既不了解民族特色旅游商品的范围，也不了解民族特色旅游商品的设计和销售的方式、方法。经常误把民族手工艺品当作民族旅游商品的主力，把民族旅游商品的范围搞得太狭隘了，没有把各民族的丰富生活产品纳入民族旅游商品之中。

一些地方的负责人和旅游主管部门负责人很少开展促进民族特色旅游商品发展的工作。有的是自身能力不强，缺少方法；有的是放着明白装糊涂，缺少作为；有的只讲不做，缺少担当。有些地方调整了民族特色旅游商品的有关负责人，其中一些人不继续上一任干的好事，也不接上一任没干好的事，更不管上一任没干完的事，自身能力再弱点，阳光监督再松点，各种政策又存在矛盾，加上所谓不干事就不会惹事的观念盛行，发展民族特色旅游商品的事也就被抛到九霄云外了。

很多经济发达地区旅游商品的民族特色也很淡，对民族特色旅游商品的重视程度很低，民族特色旅游商品很少，民族特色旅游商品的发展很缓慢。相比之下，这些地区对欧美日韩的崇拜很浓，有欧美日韩特色

的商品很多。

二、发展民族特色旅游商品需注意的主要问题

发展民族特色旅游商品，一是要注意民族特色旅游商品的重要性。要树立五十六个民族大团结、同发展的理念。发展民族特色旅游商品有利于民族文化的传承，有利于地方物产资源的利用，有利于全域旅游的建设，有利于地方经济发展和社会稳定。

二是要注意民族特色旅游商品的范围。即将到来的中国民族旅游商品博览会和中国民族特色旅游商品大赛，将民族特色旅游商品分为且不限于民族旅游特色食品类、民族旅游茶品类、民族旅游饮品类、民族旅游酒类、民族旅游纺织品类、民族旅游电子类、民族旅游电器类、民族旅游陶瓷类、民族旅游玻璃品类、民族旅游金属品类、民族旅游合成品类、民族旅游日用竹木品类、民族旅游皮毛品类、民族旅游化妆品类、民族旅游个人装备品类、民族旅游鞋帽类、民族旅游首饰类、民族旅游玩具类、民族旅游工艺品类、民族旅游纪念品类二十大类。各种民族特色食品、日用品、服装、服饰等才是民族特色旅游商品的主流。

三是发展民族特色旅游商品需要加强对有关部门的监督。不仅要有效地监督各种违纪违法，还要有效监督躲避责任的懒政、庸政和以创新为名的“胡政”。

需要把有关部门管理民族特色旅游商品的权力放在制度的笼子里，用严密、合理的制度，既要管住权力的滥用、私用、乱用，又不拴死权力，不影响权力的合法、合理使用，有敢发展、敢创新、敢改革的空间，让有权力又想干事的人，能干事、想干事、敢干事。

要把有关部门推动民族特色旅游商品发展的责任放在各种监督的阳

光下，将那些以严格遵守制度为名放弃责任、回避责任、糊弄责任、乱用责任的人暴露出来，不能让懒政、庸政和无知者的“胡政”存在。有关部门要让各地发展民族特色旅游商品的工作，既有持之以恒的坚守，还有不断创新的探索。

四是发展民族特色旅游商品不仅是少数民族地区的事。最有资金、设计、制造、销售实力的恰恰是经济发达地区，尤其是经济发达的特大城市。共享改革开放带来的成果，同在一个国家下，共同传承民族文化，发展民族特色旅游商品，发展民族经济，减少对欧美日韩的文化青睐，是经济发达的大城市有关部门和企业应考虑的问题。

实践是检验真理的唯一标准，旅游商品的市场性决定了各地民族特色旅游商品的多少、好坏。发展好坏，均在市场上可以见到，在展会、大赛上可以看到，以无充有、虚夸虚报在阳光下是藏不住的。无论是为经济、为文化、为今天、为明天、为传承、为发展，还是为满足旅游者需求和落实国务院的要求，发展民族特色旅游商品都需要认真对待。

◇ 传统旅游商品企业转型先要理念清晰*

很多地区火爆的旅游市场并没有带来火爆的旅游购物，传统旅游商品被市场冷落。无论是旅游购物市场上销售的旅游商品，还是旅游商品大赛上参赛的旅游商品，新产品、新面孔还是比较少。特色旅游购物店里依然是以那些工艺品、旅游纪念品、旅游土特产品等老面孔、老产品为主，旅游商品一成不变——早已不被大多数游客认可和喜爱的

* 陈斌．传统旅游商品企业转型先要理念清晰［EB/OL］．中青在线，2017-03-16.

古旧样式、规格功能单一……

当下一个热词是转型——将落后的行业转型，将落后的企业转型。而笔者认为，旅游商品行业的潜在市场巨大，但由于旅游商品涵盖面广泛，涉及众多产业，需要转型的是其中一些落后产业和企业，意在通过转型让这些企业重新焕发活力。

问题是很多传统的旅游商品企业转型时却发现很艰难，主要原因如下：

一、缺少现代旅游商品观念

长期的惯性思维已经全方位把旅游商品管理者和企业人员的思维固化了，对旅游商品概念的理解还非常陈旧。即使口口声声谈转型也是换汤不换药，旅游商品生产者按照过去的思路继续生产，旅游商品开发者按照过去的思路继续开发，旅游商品销售者按照过去的思路继续艰难地销售。傻大黑粗继续傻大黑粗，粗制滥造继续粗制滥造，呆板生硬继续呆板生硬，脱离市场的继续脱离市场……转型成为一句口号，而没有成为行动。

最典型的是随着复游率的提高，世界各地的旅游纪念品在旅游商品中的占比越来越低，某地却刚刚花大力气举办了旅游纪念品大赛。而且提出要坚决发展旅游纪念品，不发展“大”旅游商品。旅游商品的发展方向都不清楚，落后的旅游商品企业如何转型？

二、缺少科学的创新方向

很多企业总是看到同行生意兴隆，而自己却门可罗雀，搞不懂同是做旅游商品为何差距却巨大。不久前，一个城市举办的旅游商品大赛，在企业选送的大赛作品中，依然可见把景区图片贴在传统茶具上的作品。

想当年，在生活物资缺乏，缺少文化产品时，这种茶具还有销路。如今这种器型普通、用意直白的产品很难被大多数游客喜爱。至于大赛作品中还有新开发的老式手机的手机链，难道设计者不知现在的大多数手机已经没有系手机链的地方了吗？大概设计师是穿越而来的。一个旅游商品企业应确立创新方向，包括确立产品的创新方向，管理、生产、营销等方面的创新方向。创新方向要符合市场需求，符合经济规律，更应清晰地知道本企业在旅游商品产业中的具体位置。

三、缺少与其他领域的融合

各地都在谈如何促进旅游发展，要把旅游收入增加多少多少作为旅游收入中最大的一类，旅游购物却成了配套建设中的配套建设。旅游发达国家和地区在旅游景区建设、道路建设、酒店、餐饮、娱乐和各种文化设施建设中都将旅游购物场所融入，甚至是以旅游购物为中心进行布局建设。城市管理者也针对旅游者制定了各种购物宣传和优惠政策。旅游购物成为世界很多旅游发达国家和地区发展旅游的重点。为了让旅游者轻松、满意地旅游购物，无论是地方管理者还是企业，树立诚信、完善服务、宣传品牌、产品创新等工作应长年不断。只有将旅游和购物和谐地融合在一起，才能在让旅游者满意的同时，增加旅游收入。

传统的旅游观念要转型，传统的旅游商品经营方式要转型，传统的旅游购物运营模式要转型，相应的组织方式、资源配置方式也要转变，传统旅游商品企业只有转型才能使企业重塑竞争优势。旅游商品的特点，决定了其与旅游的融合不仅仅是企业的事，还需要各地在城市规划、建设、管理时充分重视旅游购物和旅游商品，才能推动传统旅游商品企业的转型，实现旅游收入的增加，促进经济的发展。

第四章
创新销售旅游商品

◇ 无人售货商店可以试一试*

从2016年年初，瑞典出现通过手机扫描二维码进门，手机绑定信用卡进行支付的无人便利店Nraffr，到近日杭州出现的用手机淘宝或者支付宝扫码进店，系统自动在大门处识别商品，自动从支付宝扣款的无人超市“淘咖啡”，无人售货商店开始进入实体试验阶段。随之而来的是不少投资者跃跃欲试，探讨大规模开设无人售货商店。其中也有人在探讨开设旅游商品无人售货商店。无人售货商店是未来零售业的一种店铺经营模式，随着科技的进步，结算方式的创新，无人售货商店的条件在逐步具备，但要开设能够盈利的旅游商品无人售货商店还需注意几个问题。

一、无人售货商店开设位置很重要

无人售货商店要按照商店的开设规律选址。一是注意进入商店的便捷性。人们对第一家无人售货商店有新奇感，无论其位置如何，都会有人去尝试一下。但随着无人售货商店的增多，人们的新奇感减少，不符合商店选址规律开设的无人售货商店的劣势就会体现出来。二是迎合年轻人的消费习惯。由于无人售货商店的结算方式、24小时营业的特点，更符合年轻人或时尚人群的消费习惯，无人售货商店更适合开在夜生活人群集中的地方，比如城市的酒吧街，或是人流比较大、年轻人比较多的街区，尤其是年轻旅游者比较多的街区。

* 陈斌．无人售货商店可以试一试［N/OL］．中国青年报，2017-07-13（06）．

二、开无人售货商店最关键的是销售什么商品

无人售货商店销售什么商品，一是要从安全角度考虑。由于无人售货商店没有收银员和售货员，顾客购买商品“即拿即走”，在当下人们的道德水平情况下，想达到顾客 100% 的付款率，恐怕只是美好想象。而提升人们的道德水平，让所有人达到道德无瑕，也不是无人售货商店能够做到的事，所以选择相对安全的商品是无人售货商店应该做的。

二是无人售货商店要选择人们喜欢购买的商品，究竟要用商品的功能、品牌、特色以及质量和价格等哪方面优势吸引顾客以及外地游客，则是要根据无人售货商店的不同位置、特点分析和选择。

三是无人售货商店的便捷性较强，但体验性较弱，无人售货商店要选择便捷性强的商品进行销售。

三、旅游者喜欢新鲜事物，旅游商品无人售货店可以一试

无人超市仅是无人售货商店的一种形式，其经营优势是容易做到统一采购、统一配送、统一布局、统一码放、统一监控等。但不太适合旅游商品销售，旅游者不会喜欢去风格“统一”的购物店，他们更喜欢差异化。旅游者不仅要便捷购物，更要享受、体验购物的乐趣。

旅游者的旅游购物包括在景区内的购物，在特色商业街、机场、火车站购物，以及在居民购物店的购物，不同位置、不同的环境下，针对旅游者的无人售货商店，就要有不同的布局和分类。

无人售货商店使人工成本降低，但房租成本与配送成本以及销量、利润的关系密切，这也影响着无人售货商店能否成功开设。

另外，即使无人售货商店再多，人们在购买高档服装、鞋和首饰等

贵重物品时，仍然会倾向于去有人服务的商店。而像药品等需要有具备资质的销售人员销售的产品，也不适合在无人售货商店销售。无人售货只是一种购物方式，即使无人售货商店大量开设起来，也只会影响到一部分实体店，并不能全部替代实体店。但旅游者喜欢新鲜事物，旅游商品的无人售货商店可以试一试。

◇ 别总是盯着那点儿门票收入*

在十三届全国人大一次会议上，国务院总理李克强在政府工作报告中提出，积极扩大消费和促进有效投资；创建全域旅游示范区，降低重点国有景区门票价格。长期以来，门票收入是景区的主要收入，而景区带来的其他收入则寥寥无几。

笔者在境外调研时发现，很多景区没有门票，但景区周边的旅游商品销售却很红火，店铺布局有序，店铺外观既有差别，又有特色；店内旅游商品的品种多、质量好、价格合适，游客的购物满意度很高。反观境内的很多景区，面积巨大，大门巨大，售票处巨大，但景区周边要么没有旅游商品销售场所，要么到处是店铺、商亭，要么店铺千篇一律，店铺销售的商品与旅游动线完全脱节，旅游商品的品种少、质量差、价格高，游客的购物满意度很低。

同样是以祈福文化为主题的景区周边商店，那边是上百家各具特色的店，店店商品不同，每家店里数百种不同的精致商品。这边是千篇一律的店，很多店铺的商品相同，到处是全国一模一样的手串、项链、挂

* 陈斌 . 别总是盯着那点儿门票收入［N/OL］. 中国青年报，2018-03-08（08）.

坠，一模一样的扇子、帽子、文化衫，一模一样的杯垫、钥匙链、马克杯，一模一样的喷水枪、金箍棒、竹蛇，甚至连所谓出土的旧货也是一模一样的。那边是丰厚的收入，这边是可怜的销售，即使对着游客喊破嗓子，即使做多少美丽的规划，即使把自己的商品和商街吹到天上，游客还是不会买账。归根到底，景区周边旅游商品销售是有规律的，要按照景区周边旅游商品销售规律办事才行。

影响景区周边旅游商品销售的因素主要是：

一、围绕景区主题做大主题的旅游商品

以森林主题景区为例：景区周边不仅可以销售树皮画、根雕、蘑菇、木耳等狭义的森林主题旅游商品，还可以有大森林概念的商品，从灭蚊用品到取暖用品，从无火加热锅到照明用品，从绿化工具到家庭种植用品，从蘑菇糕点到蘑菇饮料等广义的森林主题旅游商品。

二、景区出口、入口影响销售的旅游商品类别

有些景区出入口是同一个。也有些景区的出口、入口是分开的。景区入口附近的旅游商品类别一般应以雨伞、帽子、墨镜、地图、登山杖、矿泉水等在景区内使用的商品为主。很少有人在进景区时购买大量特色商品。景区出口处，游客则喜欢购买特色商品。

三、景区游客的来源地影响旅游商品品种

一般百公里内的同风俗、同文化的游客对当地普通的特色商品不感兴趣。而越远来的游客，越对当地特色商品感兴趣。

四、景区周边的业态组合影响旅游商品销售

如果景区周边有大量住宿，旅游购物店就要开在宾馆客栈旁边，且旅游购物店的晚间销售时间要延长。如果景区周边是大量餐厅，旅游购物店要开设在餐厅与餐厅之间。

五、景区周边的商业建筑特点影响旅游商品销售

景区周边的建筑风格要与景区相呼应，但要避免建设华而不实的违反商业规律的建筑。而且，每个建筑的体量要大小兼备，建筑的外观要避免千篇一律，建筑的临街门窗要通透，避免小门小窗。

六、景区周边居民数量影响旅游商品销售

景区周边居民较多，旅游购物店要兼顾游客的购物要求和居民的购物要求。景区周边居民很少，则要突出游客购物服务的链条。

七、停车场位置及规模影响旅游商品销售

停车场的厕所附近一般是游客到达时常去的地方。其周边以雨伞、帽子、墨镜、地图、登山杖、矿泉水等在景区内使用的商品为主。停车场旁的集合位置，则应以当地特色商品为主。

八、景区周边的旅游购物店需要更周到的服务

由于长期以来景区内及周边的旅游购物店欺客宰客问题较多，游客的维权意识很高，对景区周边的旅游购物店的防备心理非常强。态度冷淡、爱答不理、过度热情、斤斤计较等都易造成游客的误解，不利于旅游商品的销售。

九、景区周边旅游购物店的监督管理要合理有效

不仅是旅游主管部门，工商、质监、卫生、物价等各有关部门既要支持，又要监督管理。保证货真价实和投诉得到快速处理。

很多地方愿意出大价钱做景区规划，也愿意出大价钱做景区周边的建筑设计，这些规划的景区收入主要是门票，这些景区周边建筑的收入主要靠出租，却忽略了经营，忽略了市场。结果是，虽然投资巨大，但当地的收入不高，游客还不满意。游客到了景区，游览完毕，可以空手而归，也可以高兴地满载而归。

景区带来的潜在的景区周边旅游消费市场就在那里，是不是把握住市场机会，需要当地政府、旅游主管部门、各有关部门、景区和企业在遵循景区周边旅游商品销售规律的前提下，共同努力去规划、建设、布局、开发、销售旅游商品，让游客高兴地旅游，满意地消费，打破门票经济的牢笼。

◇ 到济州岛旅游的系列尴尬*

韩国企业对中国大陆游客的购物心理研究得非常透彻，不仅在济州岛的手册里对购物街店和购物活动进行重点宣传，还采取了一系列措施吸引中国大陆游客购物。主要的做法如下：

1. 以乡情打动游客

指示牌、引导牌、各楼层的说明书、产品的标识牌均有中文说明，几乎所有的柜组均有中文熟练，甚至是中国籍的销售人员，便于与中国游客交流。

---

* 陈斌．到济州岛旅游的系列尴尬［EB/OL］．中青在线，2017-03-02.

2. 用小恩小惠笼络游客

针对游客的不同需求进行促销。对于游客购买后多是自用的商品，如服装、鞋等，一般采取折扣促销的方式；对于游客购买后多是用于送礼或代买的商品，如食品、中低价化妆品等，一般采取赠送与商品同规格产品促销的方式。这充分考虑到中国大陆游客爱购买打折促销产品的心理和代购人员的需求。

3. 购物店的结账方式多种多样

除传统的现金、信用卡、银联卡支付外，支付宝、微信皆可用于购物结账。

4. 用免税、退税吸引游客购买

济州岛上游客集中的购物店几乎都打出免税、退税的招牌，价格优势使得中国大陆游客购物冲动大增，买！买！买！越买越多。

5. 景点与购物相互交织

综合济州岛的文化和特产，建成一批既可观光又可购物的景点，将景点与购物交织在一起，游客的观光之旅也就成了购物之旅。有些购物类景点，如一个文化展示面积与购物场所面积几乎一样大的博物馆，竟然被中国大陆某著名旅游研究机构和某著名旅游网站推荐为“世界十大中国游客最喜爱的博物馆”。

6. 形成两大免税店为中心的消费系统

围绕乐天、新罗两大免税店开设宾馆、餐馆、购物店、桑拿理疗、美容美发等旅游消费系统，满足了各类游客的需求，增加了游客停留时间，产生了系列旅游消费。

7. 旅游商品符合中国大陆游客的需求

购物店内最少的是旅游纪念品、工艺品，最多的是游客喜爱购买的化妆品、保健品、食品、药材、服装、箱包、饰品、手表、电子产品等。旅游商品的结构不仅满足了初次到济州岛游客的消费需求，更适合不断到济州岛复游的游客旅游消费。

研究游客的购物心理、按照游客的需求进行旅游购物的设置本无可厚非，甚至应该学习。但笔者在调研时的种种感觉并非如此。现将几处"尴尬"总结如下：

1. 离境免税商品的尴尬

不久前，有媒体报道，济州岛机场离境候机厅里遍地的包装垃圾，一些韩国人发出了向中国游客收"人岛费"言论，网站一片对中国游客的指责声。随着事态的发展，有游客站出来提出济州岛机场离境航班的值机时间短、免税商品领取时间短、拆包装时间短等问题。

从表面上看，一是济州岛机场不按各国机场惯例提前 3 小时值机，而是提前 2 小时才开始值机，而且值机时间也仅有 1 小时。二是在济州岛购买的免税商品需要值机后在离境候机厅领取，离境游客稍多一点，排队、包装、装箱等时间非常紧张。三是免税商品包装物多，但不是人们习惯上理解的过度包装。市内的免税店要把每个游客购买的免税商品分别用气泡袋进行包装后，装进透明塑料袋，再装入统一的黑色帆布袋运输到机场离境大厅的免税商品领取处。由于单个免税商品的气泡袋体积大，而此时也已无法办理托运，游客只能随身带上飞机，如果每人多买几件免税商品，机舱的行李架又无法放下，所以必须在离境候机厅拆包装，进行多件行李合并成一件的"大工程"。

但实际问题并不是这么简单，根本问题是乐天、新罗免税店规定：非韩国产的免税商品必须在机场离境候机大厅内领取，韩国产的免税商品则可以在乐天、新罗免税店免税购买，直接带走，结果是：游客在乐天、新罗免税店购买韩国产免税商品一路绿灯，而购买非韩国产的免税商品则是一路艰辛。

2. 到韩国哈韩的尴尬

中国大陆的一些企业组织数百中国大陆代理商在济州岛的乐天酒店，举办韩国明星做产品代言的大型推介会。数日的济州岛之旅也成了代理商们的购物之旅。在乐天集团就要与韩国国防部易地供美军部署“萨德”之时，中国大陆的著名旅游网站组织数十个旅行团，数架包机到济州岛购物旅游。乐天免税店挤满了疯狂购物的中国大陆游客。

3. 服务不同的尴尬

韩国人、外国人在济州岛享受的服务不同。同样一件服装，韩国人购买可以获得赠品，中国人购买则无赠品。买同样的东西，韩国人可以插队，还可以获得几个服务人员热情接待，中国人则需要排队。同样是购买橘子，韩国人可以逐个品种随便品尝，尝完还可以不买。中国人要么得不到试吃机会，要么可以尝一点点，但尝了如果不买就会听到一些刺耳的言辞。

4. 服务倒置的尴尬

免税店和一些咖啡厅、超市、服装店的售货员态度之恶劣，如未亲眼所见，实在难以相信。大声呵斥有之，拒绝回答有之，胡乱回答有之。令人不解的是，游客则多数赔着笑脸，围着售货员，当然，售货员以更加蔑视的表情和腔调指点着不断蜂拥而入的中国游客。理由只有一个：中国大陆去济州岛的人太多了，太喜欢购物了。

5. 盲目购买的尴尬

部分韩国产的化妆品、保健品的包装、说明书上缺少有效成分介绍。

有的只有植物名，对此服务员或不解释，或说《本草纲目》里面有介绍。一句韩国没有假货，竟能让游客盲目购买这些根本不能合法进口的商品。

6. 过关检查的尴尬

中国游客到达济州岛时，不仅要填写携带物品申报单，出关时还要游客亲手交给韩国海关人员，并且随时可能被检查。而回国入境时，即使有人推着几大箱物品，还提着几大透明袋免税商品，也如进入无“关”之境，难怪代购者甚众。

当一些韩国公司以为可以一边挣着中国人的钱，一边还侮辱中国人时，这就不应该是游客的尴尬了。但当听到中国大陆旅游团的负责人说出“中韩现在关系微妙，韩国在旅游上给出很大优惠，这正是组团到韩国旅游挣钱的好机会”时，笔者顿时尴尬起来。由衷地感到有些中国人到韩国济州岛只是爱名（爱名牌），爱财（爱代购、爱回扣），爱色（爱化妆品），但缺“钙”。

当“萨德”在乐天集团提供的土地上部署时，中国人还一定要去韩国旅游购物吗？没这个必要吧！

◇ 远方的客人如何留下来*

传统旅游消费，主要指旅游者的住宿、餐饮、交通、娱乐、购物和景区门票等方面的消费。其中，传统的购物消费主要是针对团队游客的购物消费，自助旅游者的购物消费则不是传统旅游消费的重点。传统旅游消费中的住宿、餐饮、交通、娱乐、购物和景区等往往是各管

* 陈斌 . 远方的客人如何留下来［EB/OL］. 中青在线，2017-02-16.

各的，相互关联很弱，很多地区并没有把各种旅游消费作为一项系统工程。具体改进内容如下：

一、使观光游转变成休闲游

国内大多数的景区还仅仅是一个个孤零零的景区，景区周围的开发与景区相关的旅游消费项目还很少，所产生的旅游消费也很少。经常可以看到，一个年游客超过百万人次的自然风光景区或民族文化特色景区，其周边几平方公里范围内，仅有几家宾馆，一二百间客房，甚至还有更少的。一些景区周围虽然有标准的宾馆或非标准的客栈，这些宾馆或客栈也非常简陋。从床到床上用品，从洗漱间的设施到洗漱用品，从室内的家具、陈设到空调、电视机，从不隔音的门到不隔音的窗，还有不隔音的墙，都显得临时、简陋。这些宾馆或客栈勉强可以临时住，却没有考虑到如何让游客多停留几日。

旅游者到这种地方即便无可奈何地住下来，也是能少住一夜是一夜。纵然是住宿条件这么差的地方，这些宾馆、客栈到了旅游旺季也不会忘记涨价，性价比严重失衡。绝大多数游客到景区看看就跑了，旅游者不能留下来，餐食可能仅有一顿，没有时间产生晚间娱乐消费，也没有时间购物消费，各种旅游消费均被压缩了。

同样规模的景区以及周边，国内与旅游发达国家之间旅游消费的悬殊巨大。旅游发达国家已经把景区作为旅游吸引物，围绕着景区形成旅游目的地。那些游客量比较大的景区，周边的住宿设施更是非常丰富，宾馆、主题酒店、客栈、民宿不一而足。游客一旦留下来，免不了要吃三顿饭，自然产生了晚间娱乐消费，顺便买点当地特色商品和因留下而产生的日用生活品消费，产生的旅游消费非常可观。同样是自然景观的景区，游客留下来，使观光游转变成休闲游。

二、呼唤安全、诚信、卫生的人文旅游消费环境

促进旅游消费不仅是食、住、行、游、购、娱，还有一个很容易被忽视的重要因素——旅游消费环境。旅游消费环境包括了自然环境和人文环境。自然环境包括风光、空气等大自然的因素。人文环境则包括安全、诚信、卫生等因素。

人文旅游消费环境首先是安全。在丽江，当地正在严肃处理被媒体连续曝光的、重复出现的旅游乱象。不久前发生的游客毁容事件，使人们对丽江的印象一落千丈。从表面看，这些只是治安或刑事案件，但影响的是旅游者对丽江人文旅游消费环境的评价。如此险恶的旅游消费环境，会让一些胆小的旅游者放弃到丽江旅游的计划。旅游是一种放松的生活方式，绝不应把丽江游变成冒险游的代名词。

人文旅游消费环境另一方面是诚信。旅游者喜欢把诚信和民风连在一起，一提到某地民风淳朴，往往代表着那里的诚信度很高，住店、吃饭、娱乐、交通、购物等不欺客宰客，没有假货等。旅游者在某地旅游时遇到欺客宰客、以次充好等不诚信的现象时，往往以一句“那里的人太坏了”，此地恶劣的民风也随之上了旅游攻略。随着旅游者可选择的旅游地越来越多，诚信度不高的旅游地将被游客所摒弃。

人文旅游消费环境中还有一方面是卫生。卫生的旅游环境是必不可少的。很多游客到境外旅游时，非常羡慕那里的卫生，街道、餐厅、客房等处处是那么干净。在那里感觉是那么舒服。国内很多地区的街道、餐厅、客房等处的卫生情况实在不敢恭维。一些地区的旅游厕所建得很漂亮，但里面却肮脏不堪，臭气熏天。游客只能减少旅游停留时间，

三十六计，走为上计。卫生这事看似很小，却时时刻刻影响着旅游者的旅游消费情绪。

人文旅游消费环境中的安全、诚信、卫生等是当地文明的体现。当地的文明不是当地的几个人或某一部分人做到就能实现的。当地人不仅包括普通百姓，也包括政府各部门的人员，尤其是领导干部。对于旅游中出现的各种突发事件如何处理，也体现出当地的文明程度——是否有人文关怀，是否让游客感到安全、方便、舒适，是否能让更多游客高兴地留下来，悠闲地享受旅游的乐趣。忽略人文旅游消费环境的旅游产业，也就成了没有消费的空有其名的产业。

大自然给的、老祖宗留下来的旅游资源就在那里，良好的自然旅游消费环境需要维护，文明的人文旅游消费环境需要每时每刻的建设。从景区旅游，到目的地旅游，再到全域旅游；从观光游，到休闲游；建设完善的旅游消费系统，让游客留下来，在文明的环境中自由的旅游消费，才是发展旅游产业的必然之路。

◇ 让更多商品被游客知道找到买到*

总有人在说：到处是千篇一律的旅游商品，买不到心仪的旅游商品，旅游商品种类不足。境内到处可见的旅游商品是文化衫、马克杯、钥匙链、冰箱贴、各种手串等。这些占旅游购物份额很少的旅游商品却是境内有关部门支持鼓励和企业开发的重点。而在出境旅游购物份额中占了绝大部分的化妆品、服装、鞋、包、各种食品，以及各种电子、电

* 陈斌．让更多商品被游客知道找到买到［EB/OL］．中青在线，2017-01-13.

器产品却不是有关部门支持鼓励和企业开发的重点。笔者听到最多的理由是：那些东西境内都有。

确实，在境内的商场里，各类中国游客出境购买的主流商品似乎处处可见。但旅游者却宁可在境外大把大把地花钱，这里面有品牌、质量、价格的因素，但另一个因素也很重要——品种少。游客在东北城市的商场里看到的商品与在西南城市商场里看到的几乎没有什么区别，商品看似琳琅满目，细选时却难有斩获。同样叫做药妆店，境内药妆店里商品的品种与境外目的地的药妆店相差悬殊。

有人说：境外购物与进口贸易异曲同工。为此，一些人提出抵制境外购物，倡议大家用本国产品。如果我们把本国产品做好、做大、做得让人们乐于购买，也确实是一种抵制境外购物的方法。

笔者认为，造成旅游商品品种不足的主要原因，一是旅游商品销售渠道不畅，二是旅游商品创意不足。

旅游商品销售渠道不畅，主要存在着旅游者在旅游中“知不道”，找不到、买不到那些中小企业辛苦制造出来的产品的问题。要打通对旅游者的销售渠道，使这些产品被旅游者买走，成为旅游商品，需要符合旅游购物的规律。简而言之：要让旅游者在旅游中知道、看到、找到、买到。

由于旅游者由商务、会议、就医、求学等为主要目的的访客，和以游览观光休闲度假为主要目的的游客组成，相应地，对访客和游客的销售渠道也应有不同。但也有相同的规律，一是办事的地方和景区均不是旅游者的首选购物地；二是在访客和游客的住地周边，旅游购物非常活跃。有关部门在城市商业布局上按照旅游购物规律设置旅游购物场所，企业按照旅游购物规律开展旅游商品的销售，才能解决旅游商品销售渠道不畅的问题。

旅游商品创意不足的主要原因是：重设计，轻创意。创意和设计均不可或缺，旅游时，人们到异地购买与居住地差异化的商品。差异化的商品绝不仅是纪念品，更多的是生活用品。但生活用品却最容易千篇一律。提到将生活用品向旅游者喜爱的旅游商品方向设计，见到最多的就是把包装重新设计一下，或是产品外观加点儿当地的文化元素，而功能却很少变化。

创意是要以生活需求为前提。以缓解旅途肌肉酸痛的药膏为例，长期以来，药膏包装盒的设计越来越漂亮，但贴在腿上的药膏或拔毛、或易脱落的现象始终存在。而境外现已推出既不拔毛、又不易脱落的缓解旅途肌肉酸痛的药膏。另外，在旅途中，在缺少各种茶具的情况下，还要将不同的茶冲泡出美味，有人创意设计出了可以按照不同茶的冲泡时间和水温，冲泡不同茶的新型茶漏。还有企业推出具有防水功能的液体创可贴，快速去味的液体口香糖。还有人把呆板的路由器创意设计出像艺术摆件的艺术路由器。这些都是通过创意发现了市场，再通过设计让创意更加完美。

创意无限。无限的创意会带来无限的产品，按照旅游购物的规律，让更多的商品被游客买回家，才能带动经济发展。

◇ 猴年马月过去之后*

俗话中的“猴年马月”代表遥遥无期的意思，当真的猴年真的马月都过去的时候，仿佛也就是一瞬间。从 2009 年国务院第 41 号文

* 陈斌 . 猴年马月过去之后［EB/OL］. 中青在线，2017-02-15.

件提出要增加旅游购物在旅游收入中的比重，到2014年国务院第31号文件把扩大旅游购物消费作为旅游业的一项重要工作，2015年国务院办公厅的62号文进一步提出扩大旅游购物消费的具体措施，再到2016年，李克强总理以旅游商品的开发为例，精辟地提出："这说明旅游产业不仅仅是服务业，在新经济的发展过程当中，它已经覆盖一、二、三产业，本身就是综合性产业"的精辟论述，说明国家高度重视旅游购物和旅游商品发展。

近年来，各地虽然出台了不少扩大旅游购物、发展旅游商品的政策措施，但旅游购物、旅游商品的发展水平与国外旅游发达国家的差距仍然很大。国内旅游购物、旅游商品的发展起步晚、起伏大、成熟度低，使得国内扩大旅游购物、发展旅游商品不会是一帆风顺，也不是一朝一夕的事。

扩大旅游购物消费是扩大消费和内需的重要组成部分。国家扩大消费和内需本身就是一个系统工程，各国都想通过扩大消费和内需发展经济。有些国家闷头发展实体经济，通过各种方式刺激产品创新，通过不断创新的产品引导人们增加消费内容，改变人们的生活方式，甚至通过引导人们生活理念的办法刺激创新消费的方式。某些国家通过提高对环境卫生的要求带动创新消费。卫生、干净似乎是很简单、很容易的事，但如果真的做到街上无尘土、无垃圾，建筑物外观干净、玻璃明亮，室内干净整洁、一尘不染，走在路上的人衣着整洁干净，就不那么简单了。需要全社会的力量，更需要各种设施、设备、工具、材料等，涉及的门类广泛得令人瞠目结舌。

即使一个简单的行李箱，如果想做到所带物品分类存放，则需要各种大大小小的、符合这个行李箱的收纳袋、盒等。要做到一个人随时身上无异味，不仅需要一般的洗漱用品，还需注意所用洗发水、沐浴液、洗衣液的留香时间，以及各种口香糖、液体口香糖、漱口水等。“干净卫生”竟然是无数商品的需求之源。

一些国内企业也在开发干净卫生所需的商品，但很多商品的销售不理想。其主要原因是国内很多人还缺少干净卫生的理念，没有干净卫生的生活方式，缺乏对高标准卫生的认识。笔者在境外看到保洁员穿着干净的工作服，用着干净的抹布、干净的笤帚和簸箕时，不禁问道：“这些工具也需要这么干净吗？”对方的回答是：“保洁用的东西如果不干净，怎么能让被保洁的物品干净呢？”回想国内某企业的经理埋怨保洁员清扫得不干净时，保洁员居然委屈地说：“我扫过的车间比我家里还干净。”在国内，人们对什么是干净的标准理解还很不到位。当然借口很多，雾霾、风沙、施工等。借口越多，卫生越差，干净卫生带来的消费额就越低。

一些国家和地区对大陆游客的签证有要求。对签证申请者是哪个城市的人、收入多少都有要求，除了防止移民外，其购买力和消费能力也是考虑因素之一。国人出境旅游时大量购买奢侈品和生活用品，有一定收入的旅游者出境购买的主要是那些安全度高、质量好，让生活更加便利、健康、舒适的生活用品。旅游发达国家引导旅游消费不仅仅是引导国外旅游者前去消费，一些国家的旅游热点地区也在引导本国人前往购物消费。在这些地区最吸引其本国人的旅游商品同样是新的生活用品。归根到底，各国的人们都向往幸福的生活。

由于开发成本等问题，境外很多创新的产品并不是大企业开发的，中小企业在开发创新产品时拥有自己的优势。由于互联网带来的设计、制造、销售方式的转变，销售创新产品的很多也是中小企业。一般商品的销售对象无外乎当地居民和外来旅游者。外来的旅游者又分为主要来游玩的游客，以及前来开会、学习、就医的访客。针对不同的销售对象，所采取的销售方式、宣传方式、服务内容也不同。随着国内游的自助旅游者越来越多，逛特色购物街已经成为自助旅游者行程中的重要组成部分，旅游者在购买了旅游商品，离开旅游购物场所后，由于各种原因继续从网上购买，形成了旅游购物巨大的长尾效应。

增加特色旅游购物街真的那么难吗？增加特色旅游购物店真的那么难吗？各地推出当地的品牌商品真的那么难吗？推出一些新创意旅游商品真的那么难吗？别老是盯着在旅游购物中百分之几的纪念品，要做大理念的旅游商品，做以丰富人们生活内容为目标的旅游商品，做旅游者喜欢逛的特色旅游购物街、特色旅游购物店。其中的关键是真想去做，用心去做，努力去做，同时，要遵循并引导人们的生活方式，向更美好的生活方式发展，并鼓励开发相应的旅游商品，形成新的、更大的旅游购物、旅游商品链，实现扩大内需、扩大消费。

希望不要等到下一个猴年马月，国内的旅游购物和旅游商品能赶上并超过旅游发达国家的水平。

第五章
打造品牌旅游商品

◇ 撸起袖子 塑造品牌*

中国品牌旅游商品大赛的参赛商品征集已经结束。大赛规定，须是获得 2015 中国旅游商品大赛、2015 中国特色旅游评选、2016 中国旅游商品大赛、2017 中国特色旅游商品大赛金银铜奖的商品，方可参赛。

据统计，在这些赛事中共有 860 个商品获得过金银铜奖，意味着有 860 个商品可以参赛，但实际报名的数量却不足一半，大量企业无法参赛的主要原因令人惊讶：

一、缺少商标注册意识

很多获奖企业看到评选中国品牌旅游商品非常兴奋，但看到大赛还规定参赛商品必须有商标注册证时，顿时傻眼了。不少自称有商标的企业从来没有注册过商标，甚至不知道商标还要去注册。

二、缺少商标规范使用的意识

在报名过程中，组委会发现，一些企业报名时填写的商标名称与商标注册证上的商标名称不符。组委会工作人员在网上查询时，还发现这部分企业报名时填写的商标名称早已被别人注册。这意味着，企业或是侵犯了他人的商标权，或是在替别人宣传品牌。还有的企业，在商标使用中随意改变注册过的商标图形，有些甚至是颠覆性的变化，且新图形

* 陈斌．撸起袖子 塑造品牌［N/OL］．中国青年报，2017-12-14（08）．

没有注册。

三、缺少商标基本知识

有些企业报名时注册过的商标是一个没有任何文字的图形商标。这种商标业内称作“呼叫”名称，企业却以为这就是文字商标。经查询，企业图形商标“呼叫”名称的文字商标早已纳入他人名下。究其原因竟是企业误认为注册通过的图形商标自己可以随意解释，解释出的“呼叫”名称就是注册通过的文字商标。

有的企业的商品被某些部门评为某某品牌称号，企业就把这些证书当作商标注册证。有的还解释说：这些部门比商标局级别高。

在报名时组委会工作人员发现，有的商标有效期已过，没有办延期手续。有的商标注册后长期未使用，已被他人再注册。这些企业以为商标一旦注册，不管用不用，都永远是自己的。不知道商标有有效期、要办理延期，也不知道商标在一定时间内需要使用等。

四、缺少商标注册知识

很多企业送来报名的商标注册证竟然是商标申请受理通知书。有些受理通知书上的受理日期还是五六年前的。当大赛组委会要求企业必须提供商标注册证正本照片，有的企业到商标局查询时才发现，该商标根本未通过。企业竟然始终认为商标申请受理了，就是商标注册通过了，根本不知道还有商标注册证。

有些公司的商标注册证是“原企业”的。当年注销原企业，注册新公司时没有办理相关商标注册变更手续，现在在商标的权属上就遇到了问题。

还有的企业同类、同级、同价的商品有多个商标。有的说应该推这个商标，有的说应该推那个商标，企业负责人自己也不知道推哪个商标作为企业主要品牌。

本来很简单的中国品牌旅游商品大赛报名，却因为商标注册证，让组委会的电话变成了热线。有的省旅游主管部门嫌参加大赛的组织工作太麻烦，干脆以企业负责人很忙、企业不愿意宣传、企业不需要品牌等为由，拒绝组织本省企业参赛。而得到大赛消息的企业则非常积极地找到组委会要求参赛。

有的有关部门对旅游商品品牌建设不积极可以理解，但旅游商品企业则要认真对待自己的品牌建设问题，尤其是商标问题。商标的事虽小，对品牌建设却很重要。商标的事不复杂，只需要企业认真，再认真点！

◇ 打造品牌，要从商标注册做起*

塑造品牌、打造品牌、品牌建设、品牌战略、品牌提升……诸如此类的口号常常在各种场合出现。品牌已成为人们提到产业发展、企业发展、产品发展时必说的一个词。品牌如此深入人心，品牌意识如此之强，似乎品牌建设已经成熟。但是，一旦具体到某一类商品，就会感到中国的知名品牌不多。

正在进行的第九届中国旅游商品大赛计划评出 200 个中国品牌旅游商品。临近报名截止时间，传来的消息却令人惊掉下巴。中国品牌旅游商品的主要评审条件包括：是市场上有一定认知度的旅游商品；是近 3

* 陈斌．打造品牌，要从商标注册做起［EB/OL］．中青在线，中青报旅游周刊，2017-12-04.

年来在中国旅游商品大赛、中国特色旅游商品评选、中国特色旅游商品大赛中获得金银铜奖的旅游商品；参赛商品必须有商标注册证，也就是必须有合法的商标。出乎意料的是，恰恰这第三条难倒了一大批企业。大量参赛企业的品牌居然没有商标注册证。甚至某省几年来的获奖旅游商品中，没有一个有商标注册证。一个个已为人所知的冠以某某牌的旅游商品，也拿不出商标注册证。为了获得参评资格，一些企业匆忙赶去注册商标，却被告知该企业已经小有名气或广为人知的"品牌"，早被他人抢注，收入囊中，多年打造的品牌竟是为别人做了嫁衣。

不少企业给组委会打电话，希望允许他们这些没有商标注册的"品牌"商品参评中国品牌旅游商品大赛，被组委会回绝。当然，各方的心里都不好受。

究其原因，一是侥幸心理，认为品牌没有知名就不必去注册商标，如果品牌塑造没有成功的话，有商标注册证也没用，想干脆等到品牌知名了再说，殊不知早有人觊觎。二是懒惰心理，怕麻烦。商标注册要找代理，又要去查询；要写文字，又设计图形；要中文，又要英文，还要拼音，想等有机会再说，结果机会没有来，商标已归他人。三是对于商标的知识严重缺乏。有人以为"我的牌子我做主"，有人还以为商标只有一类，甚至有人认为"我的品牌出名了，这个商标就该归我"，最后却花落人家。四是对品牌建设根本不懂，不知道还要注册商标。

中国的旅游商品制造企业，要想从为别人打工的加工企业转变成有自主知识产权的、根据市场需求设计制造旅游商品的创制型企业，就需要有自己的品牌。而品牌的基本条件就是要有自己的、正式注册的商标。注册某一类商标的费用只要千元左右，但当品牌已有名气，再从别人手里买回商标时，所花的成本岂止万元，更何况有时根本就拿不到，为了一个品牌的塑造所花的无数人力财力，也随之付之东流。

为了中国旅游商品的品牌建设，为了树立中国品牌旅游商品，第九届中国旅游商品大赛组委会坚持，没有商标注册证的旅游商品绝不能参赛。如此之多的旅游商品竟然没有商标注册时，令人心情非常沉重。

出境旅游者在国外购买大量的商品，除了关心价格、质量，还关心国外的品牌，无论是化妆品、电器、服装、箱包、鞋帽还是各种饰品，很多国人对国外品牌如数家珍。品牌的魅力是无穷的，这一点众所周知。随着我国对知识产权的保护越来越强，打击假冒伪劣商品的力度越来越大，盗用他人商标已成一条死路。而且，对企业而言，盗用他人商标，永远不会形成自己的品牌。

当一个企业准备开发商品的时候，就应该考虑一下商标问题。什么样的商标适合，无论是文字的还是图形的，设计后迅速查询、登记，进行注册。只有拿到商标注册证后，这个商标才是你的。当然，商标注册下来不会永远有效，还需要真的在自己的商品上使用，如果长期不用，商标也可能被别人依法拿走。只有有了合法的商标，再进行宣传、推广、塑造，企业才能打造自有的知名品牌。

羡慕国外众多的知名品牌，嫉妒国人出境狂购国外品牌商品？仅仅把品牌建设停留在口头上，羡慕仍然还是羡慕，嫉妒依然还是嫉妒，中国的旅游商品需要品牌，而这些中国的商品需要品牌，中国的制造业需要品牌，就需要从最基本的商标注册做起。

希望这让人惊掉下巴的尴尬，是中国品牌旅游商品发展道路上的最后一次。

◇ 旅游商品需要有名有利*

国内外旅游商品的巨大差别有目共睹，国外旅游发达国家以品牌、质量、价格和不断推出的新品吸引着众多的旅游者前往购买。国内旅游商品或是无品牌，或是低质量，或是高价格，或者是款式老旧，少有人购买的低档工艺品和纪念品至今还被很多开发者所不舍。有些旅游商品企业虽然得到地方有关部门的扶持，但由于脱离市场等原因，有的表面光鲜，实则苟延残喘，靠补贴维持。

旅游商品相关企业和其他企业一样，同样是以盈利为目的的经济实体。旅游商品企业分为设计企业、研发企业、生产企业、销售企业、综合企业等，但如果企业长期不盈利，无论哪类旅游商品企业，都难以生存。仅仅追求一时利润，不重视品牌建设以及与品牌建设相关的质量、价格和商品的创新，旅游商品企业也很难长久发展。

旅游商品企业既要有名又要有利，又不能仅仅是图名图利，要掌握“度”。

一、旅游商品品牌建设要与生俱来

旅游商品企业从一开始，就要高度关注品牌建设。旅游者最喜爱购买那些著名或知名品牌的旅游商品。通过一切手段把旅游商品的品牌打出去，让当地人、周围地区的人、全国乃至全世界人所熟知，才是一个

* 陈斌 . 旅游商品需要有名有利［N/OL］. 中国青年报，2017-08-10（08）.

优秀旅游商品企业的发展道路。

那种“酒香不怕巷子深”的时代已经过去了。品牌宣传的手段包括：参加有真正影响力和权威性的旅游商品赛事活动，参加专业性的博览会、展销会，通过这些活动不仅宣传、销售了旅游商品，还可以了解其他旅游商品企业的开发情况和趋势。

让当地和各地旅游者熟知，也离不开针对旅游者的平面媒体和网络媒体的宣传。各地有关部门的旅游网站、App和免费旅游手册也是旅游商品宣传的重要途径。只有通过不断的、强有力的宣传，才能让旅游商品做到妇孺皆知。

二、旅游商品诚信的价值无限

旅游商品企业应高度关注旅游商品诚信的价值，对于旅游商品企业，诚信是有市场价值的，缺乏诚信的旅游商品企业，必然在质量和价格等方面损害旅游商品购买者的利益。尤其在互联网时代，信息传播速度迅速，旅游商品企业如果缺乏诚信，其商品只能骗得了一时，而骗不了一世。一些旅游商品企业的负责人，非常喜欢要“小聪明”，使“小手段”：在设计时喜欢高举文化的大旗，把华而不实，徒有其表的商品吹得神乎其神；在生产时习惯性地偷工减料，弄虚作假，生产一些粗劣低质的商品；在销售时，则喜欢低质卖高价，欺客宰客，强迫购物。旅游商品企业这种貌似“聪明”的做法，实际上诚信的价值荡然无存，既损害了旅游购物者的利益，也损害了旅游商品企业的利益，严重影响旅游商品产业的发展。

三、推动旅游商品发展要有知有为

在推动旅游商品发展工作中，一些地区的旅游商品主管部门热衷于要一些“小聪明”“小技巧”，开会时，文件中高唱要重视旅游商品发展，但在具体推动工作时，或辗转腾挪，或避实就虚，或装聋作哑，或装疯扮傻，或咬文嚼字，有的干脆一推了之，就是不做引导和推动旅游商品发展的实事。

在推动全域旅游建设中，旅游购物、旅游商品的发展可以对地方的全域旅游起到关键的推动作用。推动旅游商品发展，就要推动当地的旅游商品品牌建设，包括质量的提升、品牌的宣传、商品的创新等。

在旅游商品专业化的时代，一些所谓综合性、大杂烩似的旅游博览会很难对旅游商品销售起到什么实际效果。需要组织、支持、引导旅游商品企业参加大型专业的旅游商品大赛和旅游商品专业展会，促进销售、交流经验、了解趋势。在每年大量印制散发的旅游推介手册中，换上一些当地知名旅游商品的图文，在当地旅游 App 中，增添诚信购物店、街和特色旅游商品，让旅游者在了解当地旅游线路、景区的同时，了解当地特色旅游商品。

旅游商品的发展、旅游商品的品牌建设是一个长期的工程。偶尔做一次广告，偶尔参加一次大赛，偶尔参加一次博览会，偶尔开发一个新品，偶尔搞一次促销，就想完成旅游商品的品牌建设，那只是偶尔的一次春梦。

不管是推动当地旅游商品企业的品牌建设，还是旅游商品企业自身的品牌建设；不管是引导旅游商品企业积极与市场接轨，还是旅游商品企业自身与市场接轨，树立旅游商品品牌，获得良好的收益，可以做的事很多，方法也很多，做起来也并不难，关键是要想做、真做、坚持做。

◇ 数字能说明一点儿问题*

中国民族特色旅游商品大赛的报名已经结束。在国家旅游局的支持下，中国旅游协会连续举办了 8 届中国旅游商品大赛，还举办了一届中国特色旅游商品评选和中国民族特色旅游商品大赛。这两个大赛和评选更像中国旅游商品大赛的主题赛。9 年来 10 次旅游商品大赛和评选得到了各级旅游主管部门、旅游商品相关部门和大量旅游商品企业的支持。汇总各省（区、市）10 次大赛和评选的报送情况也可以看出一些问题。

一、传统旅游商品的理念未被根本打破

传统旅游商品主要是工艺品和纪念品。在现在的旅游商品市场上，传统旅游商品已不是旅游者购买的主流商品。国内工艺品和纪念品在旅游商品销售中所占的份额很低，在旅游业发达的国家，工艺品和纪念品在旅游商品销售中所占的份额几乎可以忽略不计。而我国 10 次旅游商品大赛和评选中报送最多的恰恰是工艺品和纪念品，至今没有明显改变。

二、“农村包围城市”的特点突出

中国旅游商品大赛初期，一线城市报送数量多，其余省份报送少，尤其西部地区的报送数量和精品都少。如今，一线城市仅剩北京一枝独秀，西部地区报送数量和质量不断提升，尤其云、贵、川、陕、甘、宁、西藏的旅游商品高速提升。西部地区每年报送旅游商品数量达到或接近大赛和

* 陈斌 . 数字能说明一点儿问题［N/OL］. 中国青年报，2017-08-24（08）.

评选数量上限的省（区、市），已超过全国省（区、市）总数的50%。东部地区的山东省和浙江省多年领跑，吉林省、安徽省报送的旅游商品数量和质量持续提高。河南、湖北、江西、福建后劲十足，而有的省份则多年不进反退。东部大城市只有北京一枝独秀，从省市经济总量、设计力量等因素，看不出东部地区为什么呈散点发展的规律。但从数据上看，全国范围内西部地区旅游商品发展快，东北地区旅游商品发展快于一线城市。

三、品牌意识还很薄弱

虽然每年都反复强调希望企业借助大赛和评选宣传自己的品牌。从10次大赛的报送情况看，注明商标的旅游商品不足50%，一些企业的商品即使有商标也不宣传其商标，只是宣传商品本身。由于商品品牌的基础是商标，不注册商标，不宣传商标，品牌建设就是一句空话。

旅游商品发展虽然受到当地经济、科技、文化的影响，但并不是决定因素。重视旅游商品发展有成千上万个理由，不重视旅游商品发展也有成千上万个理由，而关键在于发展旅游商品的理念，是不是真的在为旅游业的发展着想，在为经济发展着想，在为企业发展着想，在为百姓的富裕着想。

项目策划：段向民
责任编辑：李志忠
责任印制：谢　雨
封面设计：何　杰

图书在版编目（CIP）数据

旅游商品大提升 / 陈斌著. -- 北京 : 中国旅游出版社, 2018.9

ISBN 978-7-5032-6109-1

Ⅰ. ①旅… Ⅱ. ①陈… Ⅲ. ①旅游商品－文集 Ⅳ. ①F590.63-53

中国版本图书馆 CIP 数据核字 (2018) 第 219287 号

书　　名：旅游商品大提升

作　　者：陈斌著
出版发行：中国旅游出版社
（北京建国门内大街甲 9 号　邮编：100005）
http://www.cttp.net.cn　E-mail:cttp@mct.gov.cn
营销中心电话：010-85166503
排　　版：北京旅教文化传播有限公司
经　　销：全国各地新华书店
印　　刷：北京工商事务印刷有限公司
版　　次：2018 年 9 月第 1 版　2018 年 9 月第 1 次印刷
开　　本：720 毫米 ×970 毫米　1/16
印　　张：9.25
字　　数：105 千字
定　　价：39.80 元
ISBN　978-7-5032-6109-1
